KB016161

1636년 12월 25일부터 1637년 2월 4일까지의 병자거의일기
당시 화순에서 의병을 일으킨 아버지 따라 종군한 아들의 기록

청강 조수성
병자거의일기

清江 曹守誠 丙子擧義日記

曺熀 원저 · 申海鎭 역주

머리말

이 책은 청강(淸江) 조수성(曺守誠, 1570~1644)이 병자호란 당시 전라남도 화순(和順)에서 의병을 일으켜 진군하여 청주(淸州)에 이르렀다가 적과 화의(和議)하였다는 소식을 듣고 귀향하기까지의 과정을 상세하게 기록한 일기를 번역하였다.

이 일기는 16권 5책으로 1896년에 간행된 《조씨오현집(曺氏五賢集)》 가운데 세 번째 책인 《청강유집(淸江遺集)》의 권3에 수록되어 있다. 이 일기에서 조수성을 지칭할 때면 공(公)이라 일컬어 원저자는 조수성이 아닌바, 바로 조수성의 아들 조욱(曺煜, 1592~1672)이 아버지를 따라 종군하면서 기록하였다.

이 일기는 조수성이 1636년 12월 25일 인조(仁祖)가 반포한 교문(敎文)을 보고 거의격문(擧義檄文)을 이웃의 여러 고을로 전하는 것에서부터, 의병을 일으켜 1637년 2월 4일 청주에 이르렀다가 인조가 남한산성에 나와 청나라 태종에게 굴복하고 강화(講和)했다는 소식을 접한 뒤 귀향하기까지 40일간의 기록인데, 청강의 아들 조욱이 서기로서 종군하며 보고 들은 대로 기록한 뒤에 후손들이 사적을 더듬어 보완한 것으로 짐작된다.

이 일기가 주목되는 것은 병자호란이 일어나자 호남에서 매일매일 보고 듣고 행한 대로 기록한 점인데, 정묘호란과 병자호란 당시 의병활동의 기록인 《광산거의록(光山擧義錄)》과 《양호거의록(兩湖擧義錄)》, 《우산선생 병자창의록(牛山先生丙子倡義錄)》과 《호남병자창의록(湖南丙子倡義錄)》이 주로 의병진의 편제와 구성원만을 기록되어 있는 것과 다르기 때문이다. 다시 말해, 의병진이 조직적으로 구성되었음을 알 수 있지만, 구체적으로 어떤 활동을 하였는지 알 수 없었던 것에 대한 보완재 역할을 하기 때문이다. 이와 함께 조수성의 종매부 백천(百泉) 류함(柳涵, 1576~1661)의 〈병자거의일기〉가 있어 같은 이유로 주목된다. 그는 청강의 숙부인 조대중(曺大中, 1549~1590)의 사위이다. 그의 일기가 《백천유집》에 수록되어 있는데, 김균태 교수에 의해 번역되었다.(태학사, 2020) 흔히 류함이 조수성의 막하에서 활동한 것으로 알려져 있으나, 그의 일기를 보면 그런 것만은 아닌 것으로 보인다. 기록 체제가 〈병자창의사실〉, 〈교문〉, 〈거의격문〉, 〈병자거의일기〉, 〈부오현거의통문〉인바, 《청강유집》 권3의 체제와 거의 동일하다. 따라서 한번 정밀히 짚어볼 일이다.

이러한 특징을 지닌 일기가 영남에서도 있었다. 정묘호란과 병자호란이 일어나자 양란 모두 의병 활동을 한 의병장 신적도(申適道, 1574~1663)의 〈창의일기〉이다. 이분은 나의 파조(派祖)이며, 그 창의록은 2009년 나에 의해 역주되었다. 1636년 12월 20일 이웃 고을에 의병을 일으키자는 통문을 띄운 것에서부터 1637년 2월 9일 집에 도착하기까지 50일간의 일기이다. 남한산성으로 갈 때와 그곳에서 되돌아올 때의 이반된 민심 등을 세세하게 기록하였다. 이렇듯 두 지역의 창의일기를 살펴볼 필요가 있었는데. 류창규의 「병자호란 시 신적도와 조수성의 〈창의일기〉를 통해 본 영호남의병」(『역사학연구』 49, 호남사학회, 2013)이라는 논문이 있다. 좀 더 깊이 천착할 필요가 있는바, 이번 이 역주서가 기여할 수 있기를 기대한다.

그리고 조수성의 《청강유집》에 수록된 〈병자거의일기〉의 이본이 존재하는데, 강동원의 편저 『화순병자창의일지』(2015, 도서출판 서남)에 그 이미지가 첨부되어 있음을 확인하였다. 강동원 선생께 이미지를 활용할 수 있도록 청을 드렸던바, 기꺼이 승낙해주어 이 자리를 빌려 감사의 마음을 전한다. 선생께 들은 바를 간략히 전하자면, 편성대(片成大)의 후손이 서울 어느 곳에서 자료를 구하였고, 그 자료가 청강 후손가에 전해졌으며, 청강 후손가의 외손인 강동원 선생 본인에게 맡겨져 번역했다는 것이었다. 편성대의 후손은 이미 작고하였기 때문에 그 자료를 어디에서 구하게 되었는지 알 길이 없으나, 이미지를 보면 알게 되겠지만 '편성대' 이름 석자 옆에는 진하게 선이 그어져 있음을 통해 그가 얼마나 감격했을까 짐작이 된다 하겠다. 국난을 당했을 때 외세 침략에 맞서 싸운 선현들의 활동상을 살피며 오늘날 그러한 역사가 되풀이되지 않도록 해야 하지 않을까 한다.

끝으로 편집을 맡아 수고해 주신 보고사 가족들의 노고와 따뜻한 마음에 심심한 고마움을 표한다.

2021년 11월 빛고을 용봉골에서
무등산을 바라보며 신해진

차례

부록

참고자료

일러두기

이 책은 다음과 같은 요령으로 엮었다.

01. 번역은 직역을 원칙으로 하되, 가급적 원전의 뜻을 해치지 않는 범위 내에서 호흡을 간결하게 하고, 더러는 의역을 통해 자연스럽게 풀고자 했다. 다음의 자료가 참고되었다.

- 「화순병자창의일지」, 姜東元 편저, 도서출판 서남, 2015.

02. 원문은 저본을 충실히 옮기는 것을 위주로 하였으나, 활자로 옮길 수 없는 古體字는 今體字로 바꾸었다.

03. 원문표기는 띄어쓰기를 하고 句讀를 달되, 그 구두에는 쉼표(,), 마침표(.), 느낌표(!), 의문표(?), 홑따옴표(' '), 겹따옴표(" "), 가운데점(·) 등을 사용했다.

04. 주석은 원문에 번호를 붙이고 하단에 각주함을 원칙으로 했다. 독자들이 사전을 찾지 않고도 읽을 수 있도록 비교적 상세한 註를 달았다.

05. 주석 작업을 하면서 많은 문헌과 자료들을 참고하였으나 지면관계상 일일이 밝히지 않음을 양해바라며, 관계된 기관과 여러분께 진심으로 감사드린다.

06. 이 책에 사용한 주요 부호는 다음과 같다.

1) (　　) : 同音同義 한자를 표기함.
2) [　　] : 異音同義, 出典, 교정 등을 표기함.
3) "　　" : 직접적인 대화를 나타냄.
4) '　　' : 간단한 인용이나 재인용, 또는 강조나 간접화법을 나타냄.
5) 〈　　〉 : 편명, 작품명, 누락 부분의 보충 등을 나타냄.
7) 「　　」 : 시, 제문, 서간, 관문, 논문명 등을 나타냄.
8) 《　　》 : 문집, 작품집 등을 나타냄.
9) 『　　』 : 단행본, 논문집 등을 나타냄.

07. 〈화순거의시일기〉(『화순병자창의일지』, 강동원 편저, 도서출판 서남, 2015) 이본과의 텍스트 대조와 관련하여 출입양상을 각주에서 표시하되, 글꼴을 진하게 하였고 새로운 글자를 삽입해야 할 곳에는 ◇를 삽입하였다.

|번역과 원문|

창의사실
倡義事實

병자기사

숭정(崇禎) 9년 병자년(1636) 12월 9일 후금의 오랑캐가 대거 국경으로 쳐들어와서 곧바로 경성(京城)을 침범하자, 주상(主上: 仁祖)이 남한산성으로 들어가 피신하였다. 그러나 오랑캐 기마병이 남한산성을 포위하여 매우 급박하자, 옥과 현감(玉果縣監) 이흥발(李興浡)·대동 찰방(大同察訪) 이기발(李起浡)·순창 현감(淳昌縣監) 최온(崔蘊)·전 한림(前翰林) 양만용(梁曼容)·전 찰방(前察訪) 류집(柳楫)이 옥과에서 의병을 일으켰으며, 생원(生員) 조수성(曺守誠)·진사(進士) 조엽(曺熀)이 화순(和順)에서 의병을 일으켰으며, 전 찰방(前察訪) 김선(金璇)·전 별좌(前別坐) 나해봉(羅海鳳)이 나주(羅州)에서 의병을 일으켰다.

마침 지소(芝所) 황일호(黃一皓)가 사람을 모집하기 위해 몰래 나가기를 청하니, 여러 도의 의병을 독려하게 하였다. 19일에는 통유교문(通諭教文: 통지하여 깨우치는 교서)이 포위된 속에서 나오게 되자, 제공(諸公)들이 어명을 듣고 더욱 비분강개하여 여산(礪山)에서 모이기로 약속하고는 모의청(募義廳)을 설치하였다. 25일에는 도내(道內)에 격문을 보내어 각 고을에 모의도유사(募義都有司)를 나누어 배정하였는데, 유사(有司) 제공(諸公)들은 일제히 메아리처럼 응하여 정축년(1637) 1월 20일 여산(礪山)에서 합쳤다.

이때 대사간(大司諫) 정홍명(鄭弘溟)이 소모사(召募使)로서 공주(公州)에 있었는데, 제공(諸公)들은 이에 병력을 합치고 또 본도 감사(本道監司: 전라도감사) 이시방(李時昉)과도 합세하기로 의논하여 정했다. 얼마 안 되어 정홍명이 또 호남 일대의 고을들을 순시하고 돌아오라는 사명을 수행하라는 부름을 받았다. 제공(諸公)들은 의병을 거느리고 청주(淸州)에 도착해 남한산성에서 나와 항복한 소식을 듣고 서로 마주하여 통곡하다가 돌아왔다.

丙子記事

崇禎九年丙子, 十二月初九日, 金虜[1]大擧入境, 直犯京城, 上幸南漢。虜騎圍之甚急, 玉果[2]縣監李興浡[3]·大同察訪李起浡[4]·淳昌[5]縣監崔蘊[6]·前翰林梁曼容[7]·前察訪柳楫[8], 擧義玉果, 生員

---

1 金虜(금로): 淸나라의 전신인 後金을 가리킴. 그러나 1636년 4월 11일 후금의 홍타이지는 국호를 청이라 하고 稱帝建元한 후이었다.

2 玉果(옥과): 전라남도 곡성군 북부에 위치한 고을.

3 李興浡(이흥발, 1600~1673): 본관은 韓山, 자는 悠然, 호는 雲巖. 李穡의 후손이다. 1624년 생원시에 합격하고, 1628년 별시문과에 급제하였다. 집의에까지 올랐으나 1636년 청나라 사신이 와서 화친을 청하자, 척화를 주장하는 상소를 올린 뒤 1637년 벼슬을 버리고 향리에 돌아가 명나라를 위하여 절개를 지키며 학문을 닦았다.

4 李起浡(이기발, 1602~1662): 본관은 韓山, 자는 沛然, 호는 西歸. 李興浡의 동생이다. 1624년 생원진사시에 합격하였는데, 같은 시험에서 형 이흥발과 동생 李生浡까지 3형제가 동시에 합격하여 이름을 날렸다. 1627년 식년시 문과에 급제하였다. 벼슬은 承文院正字, 成均博士, 正言, 禮曹正郎, 侍講院弼善, 持平 등을 역임했다.

5 淳昌(순창): 전라북도 동남부 산간 지역에 위치한 고을.

6 崔蘊(최온, 1583~1659): 본관은 朔寧, 자는 輝叔, 호는 砭齋. 1624년 李适의

曺守誠[9]·進士曺煜[10], 擧義和順[11], 前察訪金璇[12]·前別坐羅海

난과 1636년 병자호란 때 의병을 일으켰다. 1649년 司業이 되었으나 사직하고, 1653년 世子侍講院進善·司憲府掌令을 거쳐 同副承旨에 이르렀다.

7 梁曼容(양만용, 1598~1651): 본관은 濟州, 자는 長卿, 호는 梧齋. 1633년 생원과·진사과·대과를 한꺼번에 치러 급제하는 連貫三場을 통과하였다. 이듬해 시강원설서와 검열을 거쳐 1636년 봉교를 지냈다. 그해 병자호란이 일어나자 광주에서 의병을 일으켜 서울을 향해 진격하던 중 인조가 남한산성에서 나와 항복했다는 소식을 듣고는 돌아갔다. 지제교 등을 역임한 후에 1643년 수찬을 지냈다. 이듬해 沈器遠의 옥사 이후 寧國原從功臣 2등에 녹훈되었다.

8 柳楫(류집, 1585~1651): 본관은 文化, 자는 用汝, 호는 白石. 인조반정 후 김장생의 천거로 棨樹察訪에 제수되었고, 1627년 정묘호란 때에는 兩湖號召使 김장생의 막하에서 의병모집에 많은 활약을 하였다. 그 뒤 고향에 은거하여 학문연구와 후진양성에 전념하다가 1630년 다시 의금부도사에 제수되었고, 1636년 麒麟察訪, 이듬해 왕자사부에 제수되었으나 병으로 인하여 모두 사양하였다.

9 曺守誠(조수성, 1570~1644): 본관은 昌寧, 자는 孝伯. 병조판서 曺恰의 후손으로, 아버지는 현감 曺閎中이다. 1606년 사마시에 합격하여 생원이 되었다. 1636년 병자호란 때 종질 曺煜과 읍 사람 崔鳴海·林時泰 등과 더불어 창의하여 격문을 사방에 돌려 軍粮을 모집하였다. 옥과현감 李興浡 형제, 한림 梁曼容, 순창군수 崔蘊 등과 더불어 礪山에 모여 남한산성을 향하던 중, 청주에서 적과 화의하였다는 소식을 듣고 軍旅를 해산하였다. 그 뒤 참판 金槃이 이를 듣고 천거, 獻陵參奉에 제수되었으나 나아가지 않았다. 세상일에 뜻을 끊고 일생을 마쳤다.

10 曺煜(조엽, 1600~1665): 본관은 昌寧, 자는 晦而, 호는 九峯. 아버지는 曺守訓이다. 1624년 진사시에 합격하였으며, 효종 때 閔鼎重의 추천으로 繕工監監役에 임명되었으나 사직소를 올리고 부임하지 않았다.

11 和順(화순): 전라남도 중부에 위치한 고을.

12 金璇(김선, 1568~1642): 본관은 光山, 자는 而獻, 호는 市西居士·之西子. 1606년 사마시에 합격하여 관계에 진출하였으나, 광해군의 어지러운 정치를 한탄하여 나주로 내려가 두문불출하였다. 1615년 강진 사람 李廷彦·尹惟謙 등이 김선이 영창대군을 옹호하였다 하여 처벌할 것을 상소하였는데, 이로 인해서 인목대비의 폐모론이 나오게 되었다. 1623년 인조반정 후 참봉·찰방 등에 임명되었으나 나아가지 않았다.

鳳[13], 擧義羅州[14]。會黃芝所一皓[15], 請募人潛出, 使督諸道兵。十九日, 通諭敎文, 自圍中出來, 諸公聞命, 益悲憤, 期會礪山[16], 設募義廳。二十五日, 傳檄道內, 分定列邑募義都有司, 有司諸公, 一齊響應, 丁丑正月二十日, 合于礪山。時大司諫[17]鄭弘溟[18],

---

13 羅海鳳(나해봉, 1584~1638): 본관은 羅州, 자는 應瑞, 호는 南磵. 1605년 사마시에 합격하고, 1617년 별시문과에 장원하였으나 正論을 썼다는 이유로 시관 權縉이 합격자 명단에서 빼버렸다. 1623년 인조반정으로 慶基殿參奉에 임명되었으나 부임하지 않았고, 이듬해 李适의 난이 일어나자 격문을 돌려 의병을 모집하였다. 1629년 동당 별시에 급제, 別提를 지낸 뒤 병자호란 때 다시 격문을 돌렸다.

14 羅州(나주): 전라남도 중앙 서부에 위치한 고을.

15 黃芝所一皓(황지소일호): 黃一皓(1588~1641). 본관은 昌原, 자는 翼就, 호는 芝所. 병자호란이 일어나자 인조를 호종하여 남한산성에 들어가서 督戰御史로 전공을 세웠고, 척화를 적극 주장하였다. 난이 끝난 뒤 호종의 공으로 通政大夫에 올라 진주목사에 제수되었다. 1638년 의주부윤으로 있을 때 명나라를 도와 청나라를 치고자 崔孝一 등과 모의하다가 그 사실이 발각되어 1641년 피살되었다.

16 礪山(여산): 전라북도 익산에 위치한 고을.

17 大司諫(대사간): 정홍명이 1636년 4월 28일에 제수된 관직.

18 鄭弘溟(정홍명, 1582~1650): 본관은 延日, 자는 子容, 호는 畸庵·三癡. 아버지는 우의정 鄭澈이며, 어머니는 文化柳氏로 柳强項의 딸이다. 정철의 4남이자 막내아들이다. 宋翼弼·金長生의 문인이다. 1616년 문과에 급제, 승문원에 보임되었으나 반대당들의 질시로 고향으로 돌아가 독서와 후진 양성에 힘썼다. 1623년 예문관검열을 거쳐, 홍문관의 정자·수찬이 되었다. 이때 李适의 난이 일어나자, 임금을 모시고 공주까지 몽진 갔다 돌아와 사간원의 정언·헌납과 교리, 이조정랑을 거쳐 의정부의 사인으로 휴가를 받아 湖堂에 머물면서 독서로 소일하였다. 1627년에 사헌부집의·병조참지·부제학·대사성을 역임하고, 자청해서 김제군수로 나가 선정을 베풀었다. 仁烈王后 상을 마친 뒤 예조참의·대사간에 임명되었으나 모두 사양하고 고향으로 돌아갔다. 1636년 병자호란이 일어나자 召募使로 활약하였다. 적이 물러간 뒤 고향으로 돌아가 벼슬을 사양하다가 다시 함양군수를 지내고, 1646년 대제학이 되었으나 곧 병이 들어 귀향하였다. 1649

以召募使, 在公州[19], 諸公乃定議合兵, 且與本道監司李時昉[20]合勢。未幾弘溟, 又承號召使命還巡湖南沿邑。諸公領兵至淸州[21], 聞南漢出城之報, 相向痛哭而歸。

년 인조가 죽자 억지로 불려 나왔다가 돌아갈 때 다시 대사헌·대제학에 임명되었으나 모두 나가지 않았다.

19 公州(공주): 충청남도 동부 중앙에 위치한 고을.

20 李時昉(이시방, 1594~1660): 본관은 延安, 자는 系明, 호는 西峰. 아버지는 연평부원군 李貴이며, 영의정 李時白의 아우이다. 1636년 나주목사를 지낸 후 전라도관찰사로 승진되었으나, 병자호란이 일어나자 즉시 군사를 동원하여 위급한 남한산성을 지원하지 않았다는 죄로 定山(지금의 충청남도 청양군)에 유배되었다가 풀려났다.

21 淸州(청주): 충청북도 중앙부에 위치한 고을.

존주의적[1]

만력(萬曆) 47년 기미년(1619, 협주: 광해 11년), 광해주(光海主)가 강홍립(姜弘立)에게 유정(劉鋌: 劉綎의 오기)을 따라 건주(建州)의 노아합적(虜兒合赤: 후금의 누르하치)을 정벌하도록 하였는데, 강홍립은 마침내 항복하였으나 장군 김응하(金應河)는 죽었다.

천계(天啓) 6년 병인년(1626) 오랑캐의 사신이 우리나라에 오자, 반유(泮儒: 성균관 유생) 및 간원(諫院: 사간원)에서 상소하여 노개(虜介: 오랑캐 사신)를 베어서 함에 넣어 천조(天朝: 명나라 조정)로 보내기를 청하였다. 이때 운암(雲巖) 이흥발(李興浡) 형제, 청강(淸江) 조수성(曺守誠), 구봉(九峯) 조엽(曺熀)도 진사로서 반유들이 상소하는 데에 참여하였다.

다음해 정묘년(1627) 오랑캐 아미타수(阿彌他水: 貴永介)가 수만 명의 기병을 거느리고 항복한 강홍립을 앞세워 안주(安州)에 마구 쳐들어왔는데, 얼마 안 되어 오랑캐가 퇴각하면서 유흥조(劉興祚: 劉海)를 보내어 화의(和議)를 청하였다.

숭정(崇禎) 9년 병자년(1636) 봄에 오랑캐 홍타시(弘他時: 皇太極)가 황제라 칭하고 우리나라에 사신을 파견하니, 학사(學士) 홍익한

---

1 협주: 東野隨錄을 보라.

(洪翼漢)이 오랑캐 사신을 베고 천조(天朝: 명나라 조정)에 아뢰기를 청하여, 주상이 그의 말을 받아들였다. 오랑캐 사신 영아아대(英俄兒代: 龍骨大)는 죽임을 당할까 두려워하여 심양(瀋陽)으로 도망쳐서 돌아갔다.

이해 12월 9일 오랑캐 군대가 대거 쳐들어와 14일에 곧바로 경성(京城)을 침범하자, 대가(大駕)는 남한산성(南漢山城)으로 피난하고 중전(中殿: 仁烈王后의 初喪)은 삼대군(三大君: 二大君 오기, 봉림대군과 인평대군)과 원손(元孫)을 거느리고 강화도(江華島)로 들어갔다. 선원(仙源) 김상용(金尙容)이 구상(舊相: 전 재상)으로서 종묘(宗廟)의 신주(神主)를 강화도에 보존하기 위해 배종(陪從)하였는데, 주장(主將) 김경징(金慶徵)이 술에 취해 노래하며 떠들기만 하고 방비하지 않으니 성이 마침내 함락되자, 김상용은 스스로 화약에 불을 지르고 죽었다.

오랑캐 기병들이 남한산성을 포위하여 더욱 다급해지자, 부윤(府尹) 황일호(黃一皓)가 사람을 모집하기 위해 몰래 나가기를 청하여, 여러 도의 의병을 징집하게 하였다. 19일에는 교서(敎書)가 포위된 가운데서 나오니, 이조판서(吏曹判書) 최명길(崔鳴吉)이 화의(和議)를 강력하게 주장하였고 청음(淸陰) 김상헌(金尙憲)과 동계(桐溪) 정온(鄭蘊)은 화의를 주장하는 사람들을 배척하였다. 최명길이 강화(講和)의 문서를 지어내니, 김공(金公: 김상헌)이 그 문서를 찢었고 최명길이 그 찢어진 문서를 주워 붙이며 말하기를, "찢는 사람도 참으로 없어서는 안 되고 주워 모으는 사람도 또한 있어야 하지 않겠습니까?"라고 하였다.

오랑캐가 맹약을 끊자고 앞장서서 도모한 자를 요구하였다. 이에, 안동(安東) 김상헌(金尙憲), 초계(草溪) 정온(鄭蘊), 파주(坡州) 윤황(尹煌), 남원(南原) 윤집(尹集), 해주(海州) 오달제(吳達濟), 광주(光州) 김익희(金益熙), 온양(溫陽) 정뇌경(鄭雷卿), 파주(坡州) 윤문거(尹文擧), 안동(安東) 김익수(金益壽: 金壽翼의 오기), 전주(全州) 이행우(李行遇), 남양(南陽) 홍전(洪瑑) 등 10여 명이 척화를 주장한 신하로 자수하여 잡혀가기를 청하였으나, 홍익한은 이때 평양 서윤(平壤庶尹)으로 있었기 때문에 자수하지 못했다. 조정의 의논이 10여 명을 잡아 보내려고 하자 간신(諫臣)들이 간쟁해 마지않았는데, 이에 척화를 맨 먼저 주창한 자들로 삼학사(三學士)만 보내기로 하였다. 홍익한은 평양(平壤)의 임소에서 붙잡아 보냈다. 홍익한과 학사들이 의주(義州)에 도착하자, 부윤(府尹) 임경업(林慶業)이 교외에서 맞이하며 위로하기를, "이는 참으로 남자다운 일일러니, 살아서 대의를 세우고 죽어서 죽백에 빛날 것이외다."라고 하였다. 삼학사는 모두 오랑캐 땅에서 해를 입었다.

바로 이러한 때에 호남에서 의병을 일으킨 제공(諸公)들이 날카로운 칼날을 밟고 죽음을 무릅쓰며 모두 성을 등지고서 한바탕 싸워 임금의 은혜를 보답하는 의리를 알아 밤새워 구원하기 위해 달려갔는데, 군대가 아직 도착하지 않아서 화의(和議)가 중간에 이미 성립된 줄을 알지 못하였다. 깊숙이 들어오려고 멀리 건너온 오랑캐들과 끝내 한 번도 싸우지 못하고서 강화(講和)하였으니, 사대부가 비분강개하는 눈물을 하염없이 흘리나 《춘추(春秋)》에 담긴 존주양이(尊周攘夷: 왕실을 높이고 이적을 물리침)의 대의가 거의 사라질 지경이 되었다. 그리하여 제공(諸公)들은 각자 군대를 해산하는 날에 통곡하고 문을 닫아건 채 죽을 때까지 나오지 않았다. 서귀(西歸) 이기발(李起浡)은 노중연(魯仲連)처럼 오랑캐가 황제를 자처하는 꼴을 보기보다는 차라리 동해에 빠져 죽겠다는 상소를 지었고, 구봉(九峯) 조엽(曺爗)은 삼학사찬(三學士贊) 및 존주의록(尊周義錄)을 저술하였다.

尊周義蹟【見東野隨錄】

萬曆四十七年己未【光海十一年】, 光海主使姜弘立[2]從劉綎[3], 征建州[4]虜兒合赤[5], 弘立遂降, 將軍金應河[6]死之。天啓[7]六年丙寅,

---

2 姜弘立(강홍립, 1560~1627): 본관은 晉州, 자는 君信, 호는 耐村. 참판 姜紳의 아들이다. 1618년 명나라가 後金을 토벌할 때, 명의 요청으로 조선에서 구원병을 보내게 되었다. 이에 조선은 강홍립을 五道都元帥로 삼아 13,000명의 군사를 거느리고 출정하도록 했다. 그러나 조선과 명나라 연합군이 富車에서 대패하자, 강홍립은 조선군의 출병이 부득이하게 이루어진 사실을 통고한 후 군사를 이끌고 후금에 항복하였다. 이는 현지에서의 형세를 보아 향배를 정하라는 광해군의 밀명에 따른 것이었다. 투항한 이듬해 후금에 억류된 조선 포로들은 석방되어 귀국하였으나, 강홍립은 부원수 金景瑞 등 10여 명과 함께 계속 억류되었다. 1627년 정묘호란 때 귀국, 江華에서의 和議를 주선한 후 국내에 머물게 되었으나, 逆臣으로 몰려 관직을 빼앗겼다가 죽은 후 복관되었다.

3 劉綎(유정): 劉綖의 오기. 명나라 무장. 江西省 출생. 무공을 쌓아 四川副總兵이 되었다. 1592년 임진왜란이 일어나자 이듬해 원병 5천을 이끌고 참전하였다. 1597년 정유재란 때 남원에서 졌다는 소식이 전해지자, 배편으로 강화도를 거쳐 입국하였다. 전세를 확인한 뒤 돌아갔다가, 이듬해 提督漢土官兵禦倭總兵官이 되어 대군을 이끌고 와서 도와주었다. 曳橋에서 왜군에게 패전, 왜군이 철병한 뒤 귀국하였다. 1619년 조명연합군이 後金 군사와 싸운 富車싸움 때 전사하였다.

4 建州(건주): 建州衛가 설치된 지역의 여진족을 가리키는 말. 건주위는 명나라의 成祖 永樂帝가 만주의 남쪽에 살고 있는 여진족을 누리기 위하여 설치한 衛이다.

5 虜兒合赤(노아합적): 중국 청나라의 실질적 창건자 누르하치를 일컫는 한자어. 만주의 撫順 동쪽 渾河, 興京 분지의 한 곳에 위치한 建州女眞의 한 추장에

虜使來我國, 泮儒[8]及諫院[9], 上疏請斬虜介, 函送天朝。時李雲巖興浡兄弟·曺淸江守誠·曺九峯熀, 以進士亦參泮疏。翌年丁卯, 虜阿彌他水[10], 率數萬騎, 以所降弘立爲前, 驅入安州[11], 未幾虜

지나지 않았지만, 1583년 처음으로 독립을 위한 군사를 일으켜 수 년 사이에 건주여진을 통일하고, 1587년 蘇子河 상류에 성을 쌓고 근거지로 삼았다. 1589년 명으로부터 都督僉事로 임명되었으며, 1595년 龍虎將軍의 칭호가 수여되었다. 1599년에 海西女眞의 哈達을 멸망시키고, 이어 1607년에는 輝發, 1613년에는 烏拉 등을 병합하여 여진의 대부분을 통일하였고, 1616년 汗의 지위에 올라 국호를 後金, 연호를 天命이라 하였다. 그동안 여진문자를 발명하고 八旗制度를 제정하는 등 제도를 정비하였다. 후금의 성립은 명에 커다란 위협이 되어 마침내 명과 충돌하게 되었는데, 1618년에 명의 撫順을 급습하여 취하고, 이어 淸河를 공략하여 빼앗았다. 1619년에는 명과 일대 결전을 각오하여 진격, 푸순 관외의 薩爾滸투에서 명군 10만을 격멸하여 대승하였고, 1621년에는 遼東을 공략하여 遼河 이동 지역을 지배하였으며, 遼陽에 천도하였다가, 1625년에 다시 瀋陽으로 도읍을 옮겼다. 1626년에 명의 寧遠城을 공격하였으나 명장 袁崇煥의 고수로 실패, 부상만 입고 후퇴하였다. 이것이 원인이 되어 그 해 4월 몽고의 巴林부를 직접 공략하다가, 도중 9월에 병사하였다. 그가 확립한 기초 위에 그의 아들 홍타이지가 더욱 세력을 확장하였고 국호를 大淸으로 고치고 연호를 崇德이라고 했다.

6 金應河(김응하, 1580~1619): 본관은 安東, 자는 景義, 시호는 忠武. 1618년 建州衛의 後金을 치기 위해 명나라에서 원병을 요청하자, 도원수 강홍립을 따라 左營將이 되어 출전했다. 명나라 劉綎이 군사 3만 명을 거느리고 富車에서 패하여 자결하자, 3천 명의 휘하군사로 수만 명의 후금군을 맞아 싸우다가 중과부적으로 패하고 그도 전사하였다. 1620년 명나라 神宗이 그 보답으로 遼東伯으로 追封하고, 처자에게는 銀을 하사하였다.

7 天啓(천계): 명나라 제15대 황제 熹宗의 연호(1620~1627).

8 泮儒(반유): 성균관 유생.

9 諫院(간원): 조선시대 諫諍을 맡아 행하던 관청. 경연과 서연에도 참석하였고, 왕권을 견제하는 서경권을 담당하였던 관청으로, 학식이 높고 품행이 곧은 학자들이 임명되었다. 경연과 서연, 서경권, 간쟁은 왕권을 견제하는 역할을 하였다.

10 阿彌他水(아미타수): 貴永介 곧 代善(Daišan, 1583~1648). 禮烈親王. 누르하

退去, 遣劉興祚[12]請和。崇禎[13]九年丙子春, 虜弘他時[14], 稱帝, 遣

치의 차남. 廣略貝勒 褚瑛(Cuyen, 1580~1615)의 친동생이다. 그가 1627년 1월 13일에 기병 3만여 명을 거느리고 압록강을 쳐들어왔으니, 이때의 상황이 《燃藜室記述》〈仁祖朝故事本末〉의 '정묘년의 虜亂'을 보면, "13일에 의주에 쳐들어와서 먼저 사람을 시켜 南山에 올라가 소리를 지르게 하기를, '大金國 二王이 명을 받들어 정벌하니, 성 안의 장수와 군사들은 무장을 해제하고 나와 항복하고, 남쪽 땅에서 온 군병들은 모두 나와 고향으로 돌아가라. 그렇지 않으면 말발굽으로 짓밟아 마구 죽여 하나도 남기지 않겠다.'라고 하였다. 이날 부윤 李莞은 마침 술에 취하여 인사불성이었으므로 성중은 흉흉하여 공포에 떨 뿐, 어찌 할 바를 알지 못하였다."라고 자세히 기술되어 있다. 이 오랑캐는 형제의 관계를 맺고 철수하였다.

11 安州(안주): 평안남도 북서쪽 끝에 위치한 고을.

12 劉興祚(유흥조): 遼東 사람. 본명은 劉海이다. 일찍이 오랑캐 추장에게 투항하여 호감을 얻고 권세를 부리다가 1628년에 이름을 興祚로 고친 뒤 그의 아우 劉興基·劉興治·劉興良 등과 함께 毛文龍에게 투항하였다. 그 뒤 袁崇煥이 毛文龍의 목을 베고 나서 유흥조 등을 거느리고 永平府로 나아갔는데, 원숭환이 1629년 12월 모반 혐의로 감옥에 가두어진 뒤 오랑캐에 의해 1630년 2월 薊州와 영평부가 함락 당했을 때 전사하였다. 원숭환도 1630년 9월 崇禎帝에 의하여 베임을 당하였다.

13 崇禎(숭정): 명나라 제16대 마지막 황제 毅宗의 연호(1628~1644).

14 弘他時(홍타시, 1592~1643): 누르하치의 8남 홍타이지에 대한 한자어 표기. 皇太極으로도 표기한다. 황태극은 황제에 오른 후 3명의 親王과 더불어 조정을 관장했다. 이를 '4대 패륵(beile)'이라고 했는데, 대패륵은 禮親王 代善이고, 둘째 패륵은阿敏이며, 셋째 패륵은 莽古爾泰이였으며, 넷째 패륵이 황태극이었다. 1627년 황태극은 친히 대군을 이끌고 영원, 錦州(지금의 랴오닝성 진저우시)의 전투에 나섰지만 다시 한 번 패하고 만다. 1629년에 여러 차례 남침을 강행하였는데, 첫 번째 남침에서 명나라 장수 원숭환을 죽일 것을 결심했고, 또 紅衣大炮를 제작하여 시험 발사를 하였다. 1635년 황태극은 원나라 때의 옥새를 얻었고, 내몽골의 각 부족들이 후금에 항복하였으며 그를 博格達汗으로 추대하였다. 1636년에 황태극은 국호를 大清으로 고치고, 친히 군대를 이끌고 적대 정책을 펼친 조선을 정벌하여 후방의 안정을 도모했다. 1641년 7월, 금주 송산성에서 벌어진 청과 명의 松錦 전투에서 명나라 군대를 크게 격파하고 홍승주를 포로로

使我國, 洪學士翼漢[15], 請斬虜使, 奏聞天朝, 上納其言。虜使英俄兒代[16], 恐見誅, 亡歸藩陽。是年十二月初九日虜兵大至, 十四日直犯京城, 大駕幸南漢, 中殿[17]率三大君[18]·元孫, 入江華。金

잡고 關外를 완전히 장악하게 되었다. 1643년, 황태극은 腦中風으로 인해 사망하는데, 그때의 나이가 52세였다.

15 洪學士翼漢(홍학사익한): 學士 洪翼漢(1586~1637). 본관은 南陽, 초명은 霫, 자는 伯升, 호는 花浦·雲翁. 병자호란 때 3學士의 한 사람이다. 1615년 생원이 되고, 1621년 알성문과에 급제했으나 罷榜(과거에 급제한 사람의 발표 취소)되었다. 1624년 정시문과에 장원으로 급제한 뒤 司書를 거쳐, 1635년 장령이 되었다. 1636년 청나라가 조선을 속국시하는 모욕적인 조건을 내걸고 사신을 보내오자, 帝號를 참칭한 죄를 문책하고 그 사신들을 죽임으로써 모욕을 씻자고 상소하였다. 마침내 그 해 병자호란이 일어나자 崔鳴吉 등의 和議論을 극구 반대하였다. 이 난으로 두 아들과 사위가 적에게 죽임을 당하였다. 그리고 아내와 며느리도 적에게 붙들리자 자결하였다. 이 때문에 늙은 어머니와 딸 하나만이 살아남게 되었다. 이듬해 화의가 성립되자 조정의 권유로 清軍의 화를 피해 평양부 서윤으로 나갔다. 그러나 청나라의 강요로 화친을 배척한 사람의 우두머리로 지목되어 吳達濟·尹集과 함께 청나라로 잡혀가 죽었다.

16 英俄兒代(영아아대): 龍骨大(1596~1648). 他塔喇 英固爾岱(Tatara Inggūldai)인데, 명나라에서는 잉어얼다이(英俄爾岱) 혹은 잉구얼다이(英固爾岱)라고 부른다. 그는 청나라 개국 시기의 유명한 장군이면서, 동시에 理財와 外交에 밝았던 것으로 유명하다. 1636년에 사신으로 仁祖妣 韓氏의 조문을 왔을 때 후금 태종의 尊號를 알리면서 군신의 義를 강요했으나 거절당하였다. 그 후 1636년 12월에 청나라 태종의 지휘 하에 청이 조선 침략을 감행할 때 馬夫大와 함께 선봉장에 섰다.

17 中殿(중전): 仁祖의 왕비 仁烈王后 韓氏. 반정으로 왕비가 되어 昭顯世子와 후일의 효종인 鳳林大君·麟坪大君·龍城大君을 낳았다. 1635년 42세의 늦은 나이에 출산하다 병을 얻어 타계하였다. 繼妃 莊烈王后 趙氏는 1638년에 왕비로 책봉되었다. 따라서 병자호란 때는 중전이 없었던 셈이라서 원문의 내용은 착종되었다.

18 三大君(삼대군): 仁烈王后의 소생은 소현세자, 봉림대군, 인평대군, 용성대군인바, 소현세자는 남한산성으로 피난하였고, 용성대군은 1624년에 태어나 1629년

仙源尙容[19], 以舊相從宗廟保江華, 主將金慶徵[20], 中酒歌呼, 不爲備, 城遂陷, 金公尙容, 自焚死。虜騎圍南漢益急, 府尹黃公一皓, 請募人潛出, 使徵諸道兵。十九日敎書, 自圍中出, 吏曺判書崔鳴吉[21], 力主和議, 金淸陰尙憲[22]·鄭桐溪蘊[23], 疏斥主和人。崔

에 죽었기 때문에 원문의 내용은 착종되었다.

19 金仙源尙容(김선원상용): 仙源 金尙容(1561~1637). 본관은 安東, 자는 景擇, 호는 仙源·楓溪·溪翁. 敦寧府都正 金克孝의 아들이며, 좌의정 金尙憲의 형, 좌의정 鄭惟吉의 외손이다. 張維가 그의 사위이다. 1582년 진사가 되고 1590년 증광문과에 급제하였다. 인조반정 뒤 判敦寧府事에 기용되었고, 이어 병조·예조·이조의 판서를 역임하였으며, 정묘호란 때는 留都大將으로 한양을 지켰다. 1636년 병자호란 때 廟社主를 받들고 빈궁·원손을 수행하여 강화도에 피난하였다가 성이 함락되자 성의 南門樓에 있던 화약에 불을 지르고 순절하였다. 정치적으로 서인에 속하면서 인조 초에 서인이 老西·少西로 갈리자 노서의 영수가 되었다.

20 金慶徵(김경징, 1589~1637): 본관은 順天, 자는 善應. 昇平府院君 金瑬의 아들이다. 한성부판윤이었을 때 병자호란이 일어나자 강도 검찰사에 임명되었다. 당시 섬에는 빈궁과 원손 및 鳳林大君·麟坪大君을 비롯해 전직·현직 고관 등 많은 사람이 피난해 있었다. 하지만 그는 혼자서 섬 안의 모든 일을 지휘, 명령해 대군이나 대신들의 의사를 무시하였다. 또한 강화를 金城鐵壁으로만 믿고 청나라 군사가 건너오지는 못한다고 호언하며, 아무런 대비책도 강구하지 않은 채 매일 술만 마시는 무사안일에 빠졌다. 그러다가 청나라 군사가 침입한다는 보고를 받고도 아무런 대비책을 세우지 않다가 적군이 눈앞에 이르러서야 서둘러 방어 계책을 세웠다. 하지만 군사가 부족해 해안의 방어를 포기하고 강화성 안으로 들어와 성을 지키려 하였다. 그런데 백성들마저 흩어져 성을 지키기 어렵게 되자 나룻배로 도망해 마침내 성이 함락되었다. 대간으로부터 강화 수비의 실책에 대한 탄핵을 받았는데, 仁祖가 元勳의 외아들이라고 해 특별히 용서하려 했으나 탄핵이 완강해 賜死되었다.

21 崔鳴吉(최명길, 1586~1647): 본관은 全州, 자는 子謙, 호는 遲川. 李恒福과 申欽에게 배웠다. 인조반정에 참여한 반정공신이다. 병자호란 때 이조판서로서 강화를 주관하였는데, 난중의 일처리로 인조의 깊은 신임을 받음으로써 병자호

鳴吉作和書, 金公哭裂其書, 崔鳴吉拾補之曰: "裂之者, 固不可無, 補之者, 亦不當有耶?" 及虜求首謀絶盟之人。於是, 安東金尙憲·草溪鄭蘊·坡州尹煌[24]·南原尹集[25]·海州吳達濟[26]·光州金

란 이후에 영의정까지 오르는 등 대명, 대청 외교를 맡고 개혁을 추진하면서 국정을 주도했다. 명과의 비공식적 외교관계가 발각되어 1643년 청나라에 끌려가 수감되기도 했다.

22 金淸陰尙憲(김청음상헌): 淸陰 金尙憲(1570~1652). 본관은 安東, 자는 叔度, 호는 淸陰·石室山人. 아버지는 都正 金克孝이다. 金尙容의 아우이다. 尹根壽의 문인이다. 1596년 정시문과에 급제, 1608년 文科重試에 합격하여, 1611년 승지로 李彦迪·李滉의 문묘종사를 반대하는 鄭仁弘을 탄핵하다가 좌천되었고, 1613년 사돈인 金悌男이 賜死되었을 때 연좌되어 延安府使에서 파직되었다. 1623년 인조반정 후 대사간을 거쳐, 1636년 병자호란 때 斥和論을 주장하다 청에 항복하자 안동으로 돌아갔다. 1639년 청의 출병 요구에 반대하는 상소를 하여 청에 압송되었다. 1645년에 소현세자를 수행하여 귀국하였다. 효종이 즉위하자 좌의정·영돈령부사를 지냈다. 죽은 뒤 崇明節義派로 朝野에 큰 정신적 영향을 미쳤다. 시호는 文正公이다.

23 鄭桐溪蘊(정동계온): 桐溪 鄭蘊(1569~1641). 본관은 草溪, 자는 輝遠, 호는 桐溪·鼓鼓子. 1614년에 永昌大君의 처형이 부당함을 상소, 가해자인 강화부사 鄭沆의 참수를 주장하다가 제주도 大靜에서 10년간 유배 생활을 하였다. 1623년 인조반정으로 석방되어 이조참의·대사간·경상도관찰사·부제학 등을 역임하고, 1636년 병자호란 때 이조참판으로서 金尙憲과 함께 斥和를 주장하다가 화의가 이루어지자 사직하고 덕유산에 들어가 은거하다가 5년 만에 죽었다.

24 尹煌(윤황, 1571~1639): 본관은 坡平, 자는 德耀, 호는 八松. 정묘호란이 일어나자 主和를 반대해 李貴·崔鳴吉 등 주화론자의 유배를 청하고, 降將은 참할 것을 주장하였다. 그런데 주화는 항복이라고 했다가 왕의 노여움을 사 삭탈관직되어 유배의 명을 받았으나, 삼사의 구원으로 화를 면하였다. 병자호란이 일어나자 정묘호란 때와 같이 척화를 주장하다가 집의 蔡裕後, 부제학 全湜의 탄핵을 받았다. 그리하여 영동군에 유배되었다가 병으로 풀려 나와 죽었다.

25 尹集(윤집, 1606~1637): 본관은 南原, 자는 成伯, 호는 林溪·高山. 1636년 이조정랑·부교리를 거쳐 교리로 있을 때 병자호란이 일어났다. 왕이 남한산성으로 피하였는데 산성이 포위되어 정세가 불리해지자 崔鳴吉 등이 화의를 주장하

益熙[27]·溫陽鄭雷卿[28]·坡州尹文擧[29]·安東金益壽[30]·全州李行

였으나, 吳達濟 등과 함께 이를 극렬히 반대하는 상소를 올렸다. 결국 화의가 이루어지자 吳達濟, 洪翼漢과 함께 척화론자로 청나라에 잡혀가 갖은 고문을 받았지만 끝내 굴하지 않았고, 결국 瀋陽 西門 밖에서 사형되었다.

26 吳達濟(오달제, 1609~1637): 본관은 海州, 자는 季輝, 호는 秋潭. 부교리였을 때 병자호란이 일어나자 남한산성에 들어가 청나라와의 和議를 극력 반대하였다. 그러나 청군에 항복하게 되자 스스로 척화론자로 나서 敵陣에 송치되었다. 적장 龍骨大의 심문에 굴하지 않고, 瀋陽으로 이송되어 모진 협박과 유혹에 굴하지 않자, 결국 심양성 서문 밖에서 尹集·洪翼漢과 함께 처형당했다.

27 金益熙(김익희, 1610~1656): 본관은 光山, 자는 仲文, 호는 滄洲. 할아버지는 金長生이고, 아버지는 金槃이다. 병자호란이 일어나자 척화론자로서 청나라와의 화평을 반대하며, 왕을 남한산성에 모시고 가서 督戰御使가 되었다. 이듬해 校理·執義로임명되고, 효종 때 승지·대사성·대사헌에 올랐다. 1656년 형조판서를 거쳐대제학이 되었다.

28 鄭雷卿(정뇌경, 1608~1639): 본관은 溫陽, 자는 震伯, 호는 雲溪. 1636년 병자호란으로 왕이 남한산성에 피난갈 때 교리로 扈從하였다. 그 이듬해 봄에 인조가 청나라 태종에게 항복한 뒤, 昭顯世子가 볼모로 청나라 瀋陽에 잡혀가게 되자 자청하여 수행하였으며, 1639년에 필선으로 승진하여 심양에서 세자를 보위하였다.

29 尹文擧(윤문거, 1606~1672): 본관은 坡平, 자는 汝望, 호는 石湖. 아버지는 대사간 尹煌이다. 1636년 병자호란 때 사간원정언으로 斥和議를 陳啓하였고, 그해 12월 청나라가 침입하자 아버지를 따라 인조를 남한산성으로 扈駕하였다. 그 뒤 제천현감을 사퇴하였다. 1652년 동래부사 때 교역 단속을 게을리하여 파직되었다. 이후로 관직을 사퇴하고 朱子 연구에 전념하였다.

30 金益壽(김익수): 金壽翼(1600~1673)의 오기. 본관은 安東, 자는 星老, 호는 青岳. 1630년 별시에 급제, 성균관전적을 거쳐 知製敎와 三司의 직을 역임하였다. 1636년 병자호란 때 선조를 남한산성으로 호종하였다. 화의가 성립된 후 척화론자로서 고향에 돌아가 있다가, 1640년에 괴산군수가 되었다. 1645년에 應敎를 거쳐 의주부윤을 지냈다. 1648년에 병조참의에 임명되고, 이듬해 제주목사로 부임하였으나 탐관오리로 탄핵을 받아 영남에 유배되었다가, 李景奭과 李時白의 변호로 1658년 방환되었다.

遇[31]·南陽洪瑑[32], 凡十餘人, 以斥和之臣, 自首請行。而洪翼漢, 時平壤庶尹, 故不首。朝議欲縛送十餘人, 諫臣爭之不已, 乃以斥和首唱, 止遣三學士。洪翼漢, 自平壤[33]任所執遣。洪學士行到義州[34], 府尹林公慶業[35], 郊迎慰之, 曰: "此眞男兒事, 生能扶

---

31 李行遇(이행우, 1606~1651): 본관은 全義, 자는 士會, 호는 水南. 1633년 증광문과에 급제, 예문관검열, 대교를 거쳐, 1635년 정언에 제수되어 부제학 洪霶을 논박하다 체차되었으며, 이어 정언에 복직한 뒤 헌납·지평을 거쳐, 1636년 이조좌랑에 제수되었다. 병자호란이 일어나자 督戰御史 종사관으로 활약한 공으로 准職에 제수되었고, 1638년 수찬에 올랐다가 이어 함경도암행어사로 파견된, 이듬해 이조정랑에 제수되었으나, 암행어사로 파견될 당시 집에 들러 아버지를 보았다는 이유로 파직되었다. 그 뒤 집의·사간·부응교·응교 등 三司의 직을 두루 수행하였다.

32 洪瑑(홍전, 1606~1665): 본관은 南陽, 자는 伯潤, 호는 竹巖. 1636년 병자호란이 일어나자 척화를 주장하였다. 1638년 활쏘기·말타기 등 武才가 뛰어나다 하여 廣州府尹에 특별히 기용되었으며, 1642년 강계부사를 거쳐 의주부윤이 되었다. 1645년 경상도방어사가 되었고, 이듬해 우부승지에 이어 우승지가 되고, 1647년 황해도관찰사가 되었다. 전에 의주부윤으로 있을 때 청나라 관리에게 아첨하기 위해 비용을 지나치게 사용하였다 하여 파직당하였다. 청주목사로 다시 기용되어 1651년 제주목사, 1653년 길주목사가 되었다. 1661년 進賀兼謝恩副使로 청나라에 다녀와 이듬해 한성좌윤이 되었다. 1664년 충주목사가 되고 이어서 한성우윤을 역임하였다.

33 平壤(평양): 평안남도 서남부에 위치한 고을.

34 義州(의주): 평안북도 북서부에 위치한 고을.

35 林公慶業(임공경업): 林慶業(1594~1646). 본관은 平澤, 자는 英伯, 호는 孤松. 1618년 동생 林嗣業과 함께 무과에 급제하였다. 함경도 甲山서 근무하였고 1620년 小農堡權管, 1622년 중추부첨지사를 거쳐 1624년 鄭忠信 휘하에서 李适의 난을 평정하는 데 공을 세워 振武原從功臣 1등이 되었다. 1627년 정묘호란 때 후금이 쳐들어오자 左營將으로 서울로 진군하여 강화에 갔으나 이미 화의가 성립된 후였기에 싸워보지 못하고 낙안으로 되돌아왔다. 1630년 平壤中軍으로 劒山城과 龍骨城을 수축하는 한편 椵島에 주둔한 명나라 都督 劉興治의 군사

大義, 死可光什帛." 三學士皆遇害虜中。當是時, 湖南倡義諸公, 蹈刃冒死, 皆知有背城一戰, 以報君父之義, 而星夜赴難[36], 師未及而不知和議之從中已成矣。其於深入遠涉之虜, 乃不一戰而媾之, 士夫慷慨之淚不盡, 而春秋尊攘之義, 幾乎掃地。是以諸公, 各於兵罷之日, 痛哭杜門, 終身不出。李西歸起浡, 作蹈東海[37]疏, 曺九峯熀, 著三學士贊及尊周義錄。

를 감시, 그 준동을 막았다. 1633년 평안도 清川江 북쪽을 방어를 담당하는 청북방어사 겸 영변부사로 白馬山城과 義州城을 수축했으며, 孔有德 등 명나라에 반역하고 후금과 내통한 세력을 토벌하여 명나라로부터 '總兵'이라는 벼슬을 받았다. 1634년 의주부윤으로 청북방어사를 겸임할 때 주둔지인 백마산성과 의주산성을 유지하기 위해 조정에 도움을 청하여 은 1000냥과 비단 100필을 지원받아 명나라와 교역으로 물자를 확보했다. 하지만 명나라와 교역으로 지나친 이익을 추구했다는 모함을 받고 파직되었다. 1636년 당시 도원수였던 金自點이 그의 복직을 간하여 의주부윤으로 복직되었다. 같은 해 병자호란 때 청나라가 다시 압록강을 쳐들어 왔으나 이번에는 임경업이 지키고 있는 백마산성을 피해 서울로 곧바로 진격하였다. 임경업은 청나라 군대의 진로를 차단하고 일전을 기다렸으나 싸워보지 못했다. 결국 南漢山城까지 포위되어 조선은 항복을 선언하였다. 임경업은 압록강에서 철군하는 청나라의 배후를 공격하여 적의 기병 약 300기를 섬멸하고 포로로 끌려가던 양민 100여 명을 구출하였다. 그 후 청나라가 명나라 군대를 치기 위해 병력을 요청하자 水軍將에 임명되어 참전했으나 명나라와 내통하여 피해를 줄이게 했으며 철저한 親明排清派 武將이었다.

36 赴難(부난): 위험에 처한 나라를 구하러 나감.

37 蹈東海(도동해): 전국시대 魯仲連이 秦나라 천하가 되면 자신은 東海에 빠져 죽고 말겠다고 한 고사.

교문: 임금이 내린 글

왕은 이르노라.

우리나라가 신하로서 천조(天朝: 명나라)를 섬긴 지 지금 어느덧 200년이 되었고, 황조(皇朝: 명나라)가 하늘처럼 덮어주고 길러준 은혜는 임진년(1592)에 이르러 절정에 달했으니, 이는 만고에 변할 수 없는 대의(大義)이다. 먼저 서쪽 오랑캐들이 중국을 어지럽힌 뒤부터 우리나라는 의리상 함께 복수했어야 했는데, 정묘년(1627)의 변란이 갑작스럽게 일어나 천조(天朝)에 주문(奏文)을 올리고 기미책(羈縻策)을 임시로 허락했던 것은 다만 온 나라 생령(生靈: 살아 있는 백성)들의 목숨을 보전하기 위함이었다. 이번에 이 오랑캐들이 분수에 넘치게도 황제라 칭하면서 우리에게 함께 의논하자고 강요하였으나, 귀로 차마 들을 수 없고 입으로 차마 말할 수 없는 것이라서 그들의 힘이 세고 약한 것을 계산함이 없이 드러내놓고 그 사신을 내쫓았던 것은 다만 만고에 군신 사이의 의리를 붙들어 세우기 위함이었다.

내가 처음부터 끝까지 살아 있는 백성들을 위하고 천조를 위한 것은 저 해와 별처럼 분명하니, 이 모든 것을 온 나라의 사민(士民)들은 모두 다 알고 있는 바이라. 그런데 저 오랑캐는 함부로 포악한 짓을 행하여 날랜 군사가 멧돼지처럼 막무가내로 쳐들어와서, 나는 남한산성으로 나와 머물며 기필코 죽기를 무릅쓰고 지키고 있으나 나라의 존망이 바로 호흡하는 한 순간에 달려 있는 바, 너희 사민(士民)들은 천조의 은택을 똑같이 받았으니 오랑캐와 화친한 일을 깊이 부끄러워한 것이 오래되었을 터이다. 하물며 지금 임금이 위태롭고도 급박한 환란을 당한 것이 이러한 지경에까지 이르렀으니, 이때야말로 바로 충성스런 신하들과 의로운 선비들이 몸 바쳐 나라에 보답할 때일러라.

아, 내가 생각건대 지혜가 밝지 못하고 인덕(仁德)이 널리 미치지 못하여 너희 사민들을 저버린 적은 있었다. 그러나 지금 이렇게 환란이 일어나게 된 것은 스스로 취한 바가 아니라 단지 군신(君臣)의 대의를 차마 저버릴 수가 없었기 때문이다. 이 마음과 이 의리는 천하의 모든 사람에게 통하는 것이니, 너희들이 또한 어찌 차마 군신의 의리에 대해 모르는 체하여 나에게 갑자기 닥친 어려운 일을 구해주지 않을 수 있겠는가?

마땅히 강력하게 지혜와 힘을 분발하여 의병을 규합하기도 하고 군량(軍粮)과 기계(器械)를 돕기도 해서 용맹을 떨치고 북으로 올라와 큰 난리를 말끔히 없애어 삼강오상(三綱五常)을 바로 일으키고 공명을 수립한다면 어찌 통쾌하지 않으랴. 이런 까닭으로 이에 교시하는 바이니, 마땅히 알아 할지어다.

숭정 9년(1636) 12월 19일

教文

王若曰:

我國臣事天朝, 二百年于玆, 皇朝覆育[1]之恩, 至于壬辰而極, 此萬古不可渝之大義[2]也。一自西虜猾夏[3], 我國義在同仇, 丁卯之變, 出於悴迫, 上奏天朝, 權許羈縻[4]者, 只爲保全一國生靈之命故也。今者此虜, 至稱僭號, 要我通議, 耳不忍聞, 口不忍說, 不計强弱, 顯斥其使, 只爲扶植萬古君臣之義故也。予之終始爲生民爲天朝者, 昭如日星, 此皆一國士民所共悉。伊虜肆虐, 輕兵豕突[5], 予出駐南漢, 期以死守, 存亡之勢, 決於呼吸, 爾士民等, 同受天朝恩澤, 深以和事爲恥者久矣。況今君父危迫之禍, 至於此極, 此正忠臣義士, 捐軀報國之秋也。噫! 予惟智不能明, 仁不能博, 以負爾士民, 則有之矣。今玆禍亂之作, 非有所自取, 徒以不忍背君臣大義也。此心此義, 通天卜上下, 爾亦安忍恝然於君父之義, 不救予之急難哉? 宜力奮智力, 或糾合義旅, 或資助軍粮器械, 奮勇北首[6], 廓淸大亂, 扶植綱常, 樹立勳名, 豈不快哉? 故玆敎示, 想宜知悉

崇禎九年十二月十九日

---

1 覆育(부육): 덮어주고 길러줌. 《맹자》〈盡心章句 下〉의 "천도라는 것은 하늘이 만물을 덮어주고 길러주어 각각 그 처소를 얻게 하는 것이다.(天道者, 天之所以覆育萬物, 使各得其所者也.)"에서 나온 말이다.

2 大義(대의): 사람으로서 마땅히 지키고 행하여야 할 큰 도리.

3 猾夏(활하): 중국을 어지럽힘. 《서경》〈舜典〉의 "순임금이 말하기를, '고요여, 야만스런 오랑캐가 하나라의 변방을 어지럽히며 도적 떼들이 안팎으로 들끓고 있어서 그대를 법관에 임명하오.' 하였다.(帝曰: '皐陶, 蠻夷猾夏, 寇賊姦宄, 汝作士.)"에서 나온 말이다.

4 羈縻(기미): 굴레와 고삐라는 뜻으로, 속박하거나 견제함을 비유적으로 이르는 말. 여기서는 형제관계를 맺은 화친을 일컫는 말이다.

5 豕突(시돌): 산돼지처럼 앞뒤를 헤아림 없이 함부로 달려들음.

6 北首(북수): 머리를 북으로 함. 신하가 임금을 잊지 못하는 뜻이다.

거의격문

봉천(奉天)이 달무리에 에워싸인 달처럼 포위되자 당나라 덕종(德宗) 때 이성(李晟)이 근왕(勤王)의 군사를 모집하였으니, 사수(泗水)의 들에서 딱다기를 쳐 울리듯 세상을 깨쳐 마치 묘정(廟庭)에 오르는 선비의 대열에 참여하는 것과 같았다.

다만 임금이 욕을 당하면 신하가 죽어야 하는 것은 알았으나 재주는 나약하고 적들은 강하다는 것을 헤아리지 못했도다. 오호라 슬프기만 하니, 나라의 운명이 어려운 때를 만났도다. 오랑캐가 순리를 거스르고 지난봄에 외람되이 황제라 칭하여 망극하였는데, 맹약을 저버리는 단서가 점차 야기되고 중하(中夏: 조선)를 어지럽히려는 흉측한 계측이 더욱 심해졌으니 장차 막아야 했도다. 뒤로 오늘날 생긴 환란을 생각건대, 하삭(河朔: 한강 이북)의 여러 고을이 모두 무너지는데도 어찌 대장부 하나 경성(京城)으로 가는 길에 없었다고 한단 말이며, 멀리서 가기도 어려워 7일 밤을 울부짖었으나 단지 몽진을 떠났다는 대가(大駕) 소식만 들릴 뿐 관문(關門)으로 들어오는 수레를 하나도 보지 못했도다. 안시성(安市城) 같은 터럭만 한 외딴성도 한창 왕성한 당나라 군사들을 오히려 막아내었는데, 송나라 황실이 백 년 동안 양성한 선비들 가운데 어찌 단결하는 장정이 없었겠는가.

우리 호남은 대대로 벼슬한 집이 많고 충의(忠義)의 창고였으니, 멀리는 장절공(壯節公) 신숭겸(申崇謙)과 경열공(景烈公) 정지(鄭地)가 남긴 훌륭한 행적이 해와 별처럼 밝게 걸려있고, 가까이는 태헌(苔軒) 고경명(高敬命)과 건재(健齋) 김천일(金千鎰) 같은 이들이 모두 사직을 위해 순국하였다. 감히 아름다운 칭송을 오로지하도록 해서는 안 된다고 해서가 아니라 누구라도 그렇게 하면 그와 같이 되는 법이니, 부모의 나라가 위태로운데 어떻게 사마귀가 수레바퀴를 막아서는 것 같은 형세인지를 따진단 말인가. 징소리와 북소리가 들리니, 지금이야말로 삶을 버리고 의리를 취해야 할 때이로다. 나 조수성(曺守誠)은 초야의 보잘것없는 선비로 늘그막에 가물거리는 목숨이나, 평생 군대의 일을 배우거나 익힌 적이 없으니 누구와 더불어 행군하겠는가. 앉은 채로 임금의 파천한 소식을 듣노라니 오직 목숨을 바칠 뿐일러라.

이에 짧은 편지를 보내어 여러 고을의 어진 이들에게 두루 고하노니, 각기 창을 들고 각기 방패를 잡아서 노(魯)나라 왕기(汪踦)가 사직(社稷) 보위한 것을 따라 적군 한 사람이라도 찌르고 군졸 한 명이라도 잡아다가 초(楚)나라 대부(大夫: 굴원)에게 여한이 없도록 하기를 바라오. 마음으로 임금의 은혜를 보답하는 데는 의(義)를 보고 즉시 행한 연후에야 군자라 할 수 있으리니, 같은 소리로 서로 호응하는 것은 여러 공들에게 바라는 것이오.

숭정 9년(1636) 12월 25일 생원 조수성이 이름 적고 봉함

광주 유사(光州有司) 고부립·박사원·류동환·신필

나주 유사(羅州有司) 류준·최진강·홍명기·이환

능주 유사(綾州有司) 양우전·문제극·민팽령
남평 유사(南平有司) 서행·정반·윤숙
동복 유사(同福有司) 정호민·김성원

擧義檄文

奉天[1]月暈[2], 李晟[3]募勤王之師, 泗郊柝鳴[4], 有若參踊庭之士。但知主辱臣死, 不計才弱敵强。嗚呼噫嘻, 國步[5]遭艱。虜騎犯順[6], 前春之僭號[7]罔極, 漸惹渝盟[8]之端, 猾夏[9]之凶圖, 益深將

---

1 奉天(봉천): 唐나라 德宗이 朱泚의 반란을 피하여 파천한 곳. 현재 陝西省 乾縣이다. 陸贄가 덕종에게 아뢰어 황제 자신의 과거가 잘못되었다는 조서를 내리도록 함으로써 군사와 백성들이 모두 감격하여 역적을 쳐서 평정하는 데에 힘을 다하였다.

2 月暈(월훈): 달의 주위를 에워싼 달무리처럼 적에게 포위된 孤城을 가리키는 말. 漢高祖가 平城에서 포위되었을 때 달무리가 섰다는 기록이 있는데, 이로 인해서 후대에는 달무리가 졌다는 말이 포위된 외로운 성을 가리키는 말로 쓰였다. 임진왜란 때 東萊府使 宋象賢의 시에도 '달무리 진 외로운 성[孤城月暈]'이라는 구절이 나온다.

3 李晟(이성): 唐나라 명장수. 田悅이 반란을 일으켜 臨洛과 邢州를 포위하고, 스스로 魏王을 칭하고 魏州를 大名府라고 했는데, 그와의 전투 중 부상으로 병을 얻었으나 782년 병중에도 덕종의 명을 받아 반란을 일으킨 朱滔·朱泚 토벌에 나서서 784년 5월 마침내 光泰門으로 들어가 공격하여 朱泚의 亂을 평정하고 西平郡王에 봉해졌다

4 泗郊柝鳴(사교탁명): 泗水의 들에서 딱다기를 치듯 세상을 깨친 것을 일컫는 말인 듯. 泗水는 山東省 曲阜에 있는 강인데, 공자가 여기서 제자들을 가르친 곳이다.

5 國步(국보): 나라의 운명.

6 犯順(범순): 순리를 거스름.

7 僭號(참호): 홍타이지가 1636년 4월 11일 국호를 淸이라 하고 칭제건원을 함.

8 渝盟(투맹): 맹세한 언약을 저버림.

絶。顧後之患，河朔[10]之州郡俱潰，何無一箇男兒，秦京[11]之道路云，遐難徹，七夜[12]號哭，徒聞去邠[13]之法駕[14]，不見入關之隻輪。嗚呼！安市[15]之髮孤城尙遏方壯之甲，宋室之百年養士詎無團結之丁？惟我湖南，簪纓世家，忠義府庫，遠則申壯節[16]·鄭景烈[17]芳

---

9 猾夏(활하): 中夏를 어지럽힘. 夏는 華夏를 말하나, 여기서는 조선을 의미한다.

10 河朔(하삭): 황하 이북을 가리킴. 朔은 북쪽의 의미이다. 여기서는 한강 이북을 가리킨다.

11 秦京(진경): 秦나라 수도 長安을 가리킴. 여기서는 한양을 일컫는다.

12 七夜(칠야): 춘추시대 楚나라 大夫 申包胥가 吳나라의 침략을 받아 위급한 지경에 처하자 秦나라에 가서 七日七夜를 울면서 구원을 호소, 드디어 오나라의 군대를 퇴치하였다고 한 데서 나오는 말.

13 去邠(거빈): 임금이 도성을 버리고 蒙塵함을 일컫는 말. 옛날 周太王 즉 古公亶父가 邠 땅에 있을 때 狄人이 쳐들어오자 백성을 해치지 않기 위해 빈을 버리고 岐山 아래로 옮겨 갔다는 고사에서 온 말이다.

14 法駕(법가): 조선시대 왕이 의식을 위해 나갈 때 쓴 수레.

15 安市(안시): 安市城. 중국 遼寧省 海城縣 동남 15리의 營城子 古城. 삼국시대 고구려가 요하유역에 설피한 방어성 가운데 하나이다.

16 申壯節(신장절): 壯節 申崇謙(?~927). 본관은 平山, 초명은 能山. 平山申氏의 시조이다. 몸집이 장대하고 武勇이 뛰어나 弓裔 말년에 洪儒·裵玄慶·卜智謙과 함께 혁명을 일으켜 궁예를 몰아내고 王建을 추대해 開國一等功臣에 봉해졌다. 태조 즉위 후 7, 8년 동안 소강상태였던 후백제와의 긴장 관계는 甄萱이 신라를 공격함으로써 더욱 나빠졌다. 927년 견훤이 高鬱府(지금의 경상북도 영천)를 습격하고, 신라를 공격해 景哀王을 죽이고 갖은 만행과 약탈을 하였다. 이 소식을 들은 태조는 크게 분개해 사신을 신라에 보내어 弔祭하는 동시에 친히 精騎 5천을 거느리고 대구의 公山 桐藪에서 견훤을 맞아 싸우게 되었다. 그러나 후백제군에게 포위되어 태조가 위급하게 되었을 때, 大將이 되어 元甫 金樂과 더불어 힘써 싸우다가 전사하였다.

17 鄭景烈(정경열): 景烈 鄭地(1347~1391). 본관은 羅州, 초명은 准提. 1377년 禮儀判書로서 순천도병마사가 되어 순천·낙안 등지에 침입한 왜구를 연파하고, 이듬해 다시 영광·광주·담양·화순 등지의 왜구를 격파함으로써 전라도순문사

躅[18], 昭揭日星, 近則高苔軒[19]·金健齋[20]諸公, 咸殉社稷。非敢罔

가 되었다. 1381년 密直으로 海島元帥가 되어 서남해에서 수차에 걸쳐 왜구를 소탕하여 많은 전공을 세우고, 이듬해 知門下府事로서 해도도원수·楊廣全羅慶尙江陵道都指揮處置使가 되었다. 1383년 5월 왜선 120척이 침입해 온다는 급보를 받고 경상도로 가서 합포의 군사를 모아 정비하였다. 이때 왜구는 이미 관음포에 도달하였고 정지가 이끄는 군사와 朴頭洋에서 대치하였는데, 관음포 전투에서 선봉대선 17척을 완파하고 적을 크게 무찔렀다. 1384년 門下評理에 임명되어 보다 근원적인 방왜책으로서 왜구의 소굴인 쓰시마[對馬島]와 이키[壹岐島]의 정벌을 건의하기도 하였다. 1388년 崔瑩 등을 중심으로 요동정벌이 추진되자 우군도통사 李成桂 휘하에 예속되어 안주도도원수로 출전하였으나 이성계의 위화도회군 때 동참하였다. 이때 다시 왜구가 창궐하므로 楊廣全羅慶尙道都節制體察使가 되어 남원 등지에서 적을 대파하는 공을 세웠다.

18 芳躅(방촉): 옛 사람이 남긴 훌륭한 행적.

19 苔軒(태헌): 高敬命(1533~1592)의 호. 본관은 長興, 자는 而順, 호는 霽峰. 아버지는 대사간 高孟英이며, 어머니는 진사 徐傑의 딸이다. 1552년 진사가 되었고, 1558년 식년문과에 장원으로 급제해 成均館典籍에 임명되고, 이어서 공조좌랑이 되었다. 그 뒤 홍문관의 부수찬·부교리·교리가 되었을 때 仁順王后의 외숙인 이조판서 李樑의 전횡을 논하는 데 참여하고, 그 경위를 이량에게 몰래 알려준 사실이 드러나 울산군수로 좌천된 뒤 파직되었다. 1581년 영암군수로 다시 기용되었으며, 이어서 宗系辨誣奏請使 金繼輝와 함께 書狀官으로 명나라에 다녀왔다. 이듬해 서산군수로 전임되었는데, 明使遠接使 李珥의 천거로 從事官이 되었으며, 이어서 종부시첨정에 임명되었다. 1590년 承文院判校로 다시 등용되었으며, 이듬해 동래부사가 되었으나 서인이 실각하자 곧 파직되어 고향으로 돌아왔다. 1592년 임진왜란이 일어나 서울이 함락되고 왕이 의주로 파천했다는 소식을 전해들은 그는 각처에서 도망쳐온 官軍을 모았다. 두 아들 高從厚와 高因厚로 하여금 이들을 인솔, 수원에서 왜적과 항전하고 있던 廣州牧使 丁允祐에게 인계하도록 했다. 전라좌도 의병대장에 추대된 그는 종사관에 柳彭老·安瑛·楊大樸, 募糧有司에 崔尙重·楊士衡·楊希迪을 각각 임명했다. 그러나 錦山전투에서 패하였는데, 후퇴하여 다시 전세를 가다듬어 후일을 기약하자는 주위의 종용을 뿌리치고 "패전장으로 죽음이 있을 뿐이다."고 하며 물밀듯이 밀려오는 왜적과 대항해 싸우다가 아들 인후와 유팽로·안영 등과 더불어 순절했다.

俾專美亦云, 有爲若斯[21], 父母邦危, 寧論螗蜋拒轍[22]之勢? 金鼓聲聞, 此是熊魚[23]稱秤之秋。守誠, 草莽腐儒[24], 桑楡殘景[25], 生無

20 金健齋(김건재): 健齋 金千鎰(1537~1593). 본관은 언양, 자는 士重, 호는 克念堂. 1573년 軍器寺主簿가 되고, 1578년 任實縣監을 지냈다. 1592년 임진왜란 때 나주에 있다가 高敬命·朴光玉·崔慶會 등과 함께 의병을 일으켰다. 선조가 피난 간 평안도를 향해 가다가, 왜적과 싸우면서 수원의 禿山城을 점령하였고 용인의 金嶺(지금의 경기도 용인시 처인구 역북동 일대) 전투에서 승리한 뒤 강화도로 들어갔다. 용인전투는 의병에게는 첫 번째 승리를 안겨주었기 때문에 그 공으로 判決事가 되고 倡義使의 호를 받았다. 왜적에게 점령된 서울에 결사대를 잠입시켜 싸우고, 한강변의 여러 적진을 급습하는 등 크게 활약하였다. 다음해 정월 명나라 제독 李如松의 군대가 개성을 향해 남진할 때, 그들의 작전을 도왔다. 또한 왜군이 남쪽으로 퇴각하자, 절도사 최경회 등과 함께 晋州城을 사수하였다. 그 뒤 진주성을 지킬 때 백병전이 벌어져, 화살이 떨어지고 창검이 부러져 대나무 창으로 응전하였다. 마침내 성이 함락되자 아들 金象乾과 함께 南江에 투신하여 자결하였다.

21 有爲若斯(유위약사): 《孟子》〈滕文公章句 上〉에서 顔淵이 말하기를 "순임금은 어떤 사람이고 나는 어떤 사람인가? 쓸모있는 사람이면 같을 것이다.(舜何人也? 予何人也? 有爲者亦若是.)"라고 한 데서 나오는 말. 맹자집주에서 '훌륭한 일을 함이 있으면 모두 순임금과 같음을 말한 것이라.'고 하였다.

22 螗蜋拒轍(당랑거철): 사마귀가 수레바퀴를 막는다는 것으로, 제 분수도 모르고 강적에게 대적함을 이르는 말.

23 熊魚(웅어): 취하고 버릴 바에 대해 판단할 줄 안다는 말. 주로 의리를 택하는 것을 가리킨다. 《孟子》〈告子章句 上〉에, "생선도 내가 먹고 싶어 하는 바이며 곰 발바닥도 내가 먹고 싶어 하는 것이지만, 이 두 가지를 겸하여 얻을 수 없다면 곰 발바닥을 취하겠다. 삶도 내가 원하는 바이며 의리도 내가 원하는 것이지만, 이 두 가지를 겸하여 얻을 수 없다면 삶을 버리고 의리를 취하겠다." 하였다.

24 腐儒(부유): 생각이 낡아 완고하고 쓸모없는 선비. 주로 자신의 겸칭어로 쓴다.

25 桑楡殘景(상유잔경): 《淮南子》에서 "해가 서편에 드리우면 햇살이 나무 끝에 걸린다. 이를 일러 桑楡라 한다.(日西垂, 景在樹端, 謂之桑楡.)"고 한 데서 나온 말. 날이 뉘엿해지면 해가 뽕나무나 느릅나무에 걸리므로, 해 질 무렵을 뜻한다고 설명한다. 또한 老境을 일컫기도 한다.

軍旅之學習, 誰與行兵[26]? 坐聞君父之播遷, 惟有效死[27]。兹發盈尺之片牘, 遍告烈邑之僉賢, 稱其戈執其干, 庶追魯汪踦[28]之衛社, 搏一人捽一卒, 無憾楚大[29]。心之報君, 見義卽爲, 然後謂之君子, 同聲相應, 是所望於羣公。

崇禎九年十二月二十五日, 生員曹守誠單緘[30]

光州[31]有司 高傅立[32]·朴思遠[33]·柳東煥·申滭[34]

---

26 行兵(행병): 군대를 지휘함. 정벌함. 행군함.

27 效死(효사): 사력을 다함. 목숨을 바쳐 일함.

28 汪踦(왕기): 춘추시대 魯나라 童子. 《禮記》〈檀弓 下〉에 왕기가 齊나라의 군사와 싸우다가 전사하였는데, 孔子는 이에 대해 비록 동자이지만 干戈를 가지고 社稷을 위해 싸웠으니 成人의 예로 장례를 치러야 한다고 말하였다.

29 楚大(초대): 屈原을 가리킴. 굴원이 초나라 三閭大夫를 지냈기 때문이다. 굴원은 그토록 애타게 자기의 충정을 노래하다가 한 번 용서받은 바 있었으나, 다시금 참소를 받아 멀리 양자강 남쪽 강남지방으로 내쫓기는 몸이 되었다.

30 單緘(단함): 單銜. 公帖에 手決을 두지 않고 이름만을 적던 일.

31 光州(광주): 전라남도 중북부에 위치한 고을.

32 高傅立(고부립, 1581~1637): 본관은 長興, 자는 君晦. 조부는 高敬命이고, 부친은 高從厚이다. 아버지의 시신을 거두지 못한 것을 지극히 애통하여 죄인으로 자처하고 평소 薇陽子로 가리고 하늘과 해를 보지 않으려 했다. 이괄의 난, 정묘호란, 병자호란 때 의병으로 참여하였다.

33 朴思遠(박사원, 생몰년 미상): 본관은 忠州. 訥齋 朴祥의 5세손이고, 曺熀의 생질이다. 1636년 병자호란 때 조수성의 막하에서 의병 활동을 하였다.

34 申滭(신필, 생몰년 미상): 본관은 高靈, 자는 士混, 호는 靜友堂. 申末舟의 5세손이고, 敎官 申應河의 아들이다. 정묘호란 때 金長生이 모병유사로 삼자, 의병을 일으켜 礪山에 도착하였다가 화의가 성립되었다는 소식을 듣고서 향리로 돌아갔다. 병자호란 때에는 의병과 군량을 끌어 모아서 청주로 달려갔지만, 성하의 맹세가 이루어졌다는 소식을 듣고는 통곡하고서 돌아간 다음 집 안에서 지내면서 밖으로 나오지 않았다.

羅州有司 柳浚·崔震岡·洪命基[35]·李煥
綾州[36]有司 梁禹甸[37]·文悌克·閔彭齡[38]
南平[39]有司 徐荇[40]·鄭槃[41]·尹俶
同福[42]有司 丁好敏[43]·金聲遠[44]

---

35 洪命基(홍명기, 1621~?): 본관은 豐山, 자는 定中. 1636년 병자호란 때 조수성이 의병을 모아 근왕하려고 하자, 召募有司가 되어 힘써 계책을 도왔으며, 1637년 安邦俊이 종사관으로 불러 나아갔다. 행군하여 礪山에 도착했을 때 화의가 성립되었다는 소식을 듣고 돌아와 세상을 등지고 은둔하였다.

36 綾州(능주): 전라남도 화순 지역에 위치한 고을.

37 梁禹甸(양우전, 1595~1672): 본관은 濟州, 자는 甸之, 호는 鰲峰. 學圃 梁彭孫의 5세손으로, 아버지는 梁渭南이다. 1623년 사마시에 합격하였다. 이괄의 난과 정묘호란 때 아버지를 따라 의병을 일으키는데 주선하였고, 1636년 병자호란 때 조수성의 막하에서 의병 활동하였으며, 그 이후에는 松石亭에 은거하며 학문에 정진하였다.

38 閔彭齡(민팽령, 1614~1668): 본관은 驪興, 자는 元老, 호는 月坡. 1636년 병자호란 때 조수성의 막하에서 의병을 모집하여 남한산성에 가 왕을 지키려다가 강화했다는 소식을 듣자 통곡하며 고향으로 돌아와 두문불출하였다.

39 南平(남평): 전라남도 나주 지역에 위치한 고을.

40 徐荇(서행, 1591~1671): 본관은 利川, 자는 而澤, 호는 龍岳. 장인은 高敬命의 넷째아들 高循厚의 사위이다. 1636년 병자호란 때 조수성의 막하에서 의병 활동을 하였다.

41 鄭槃(정반, 생몰년 미상): 본관은 晉州, 자는 君平. 호는 孝友堂. 高敬命의 문하에 출입하고, 임진왜란 때 의병을 일으킨 鄭遵一의 증손자이다. 1636년 병자호란 때 조수성의 막하에서 의병 활동을 하였다.

42 同福(동복): 전라남도 화순 지역에 위치한 고을.

43 丁好敏(정호민, 1598~1656): 본관은 昌原, 자는 士明, 호는 鵝山. 1636년 병자호란 때 인조가 남한산성으로 파천하였다는 소식을 듣고, 조수성 등의 격문에 동조하여 李興浡·崔蘊 등과 합병하여 북진하였다. 淸州 西平原에서 적을 만나 격전을 벌이고 북진하던 중, 和議가 성립되었다는 소식이 전해지자 귀향하였다. 1646년 생원시에 합격하였으나, 관직을 단념하고 白鵝山에 은거하였다.

44 金聲遠(김성원, 1569~1650): 본관은 光山, 자는 達聞, 호는 秀岩. 1592년 임진왜란 때 同福縣監으로 각지의 의병들과 제휴하여 현민들을 보호했다. 1603년 진사시에 합격하였다. 1624년 이괄의 난이 일어나자 의병을 모았고, 1636년 병자호란 때는 조수성의 막하에서 의병 활동을 하였다.

병자거의일기[1]

숭정 9년 병자년(1636) 12월 25일.

행궁(行宮: 임시 별궁)에서 반포한 교서(敎書)가 내려왔는데, 공(公: 조수성)이 아침밥을 먹으려다가 교서를 받들어 채 절반도 읽기 전에 목이 메어 말을 하지 못하고 그대로 밥상을 물리고서 즉시 종질(從姪) 진사(進士) 조엽(曺熀)을 불러 읽게 하자, 조엽 또한 개탄하며 눈물을 흘렸다. 공(公)이 조엽에게 말했다.

"우리 집안은 대대로 나라의 은혜를 받았음에도 보답할 길이 없었는데, 나라의 위태로움이 이러하니 바로 임금이 욕을 당하면 신하 된 자는 죽어야 할 때일러라. 내 비록 노둔하고 용렬하나 의병(義兵) 한 부대라도 일으켜서 국난(國難)에 달려가 죽고자 하는데, 너도 기꺼이 나를 따르겠느냐?"

조엽이 일어나 절하며 말했다.

"당숙께서 말씀하지 않으시면 종질이 막 청하려던 차에 이미 분부를 들었습니다. 감히 다른 뜻이 있겠습니까? 오랑캐 기병들이 가득히 쳐들어와 나라의 형세가 매우 급박하니, 지금 당장 국난에 달려가야 하거늘 시각을 약간이라도 태만해서는 안 될 것입니다."

---

1 협주: 장자 曺煜이 기록한 것인데, 조욱은 이때 서기로서 종행하였다.

공(公)이 기뻐하며 말했다.

"네 말이 바로 내 뜻과 맞는구나."

의관(衣冠)을 갖추고 가묘(家廟)에 하직 인사를 하며 왕실을 위하여 죽기로서 대적(對敵)하겠다는 뜻을 고하고는 사랑채로 나와 앉아서 아들 조욱(曺煜)과 손자 조정유(曺挺有)를 불러 말했다.

"너희들은 함께 죽어서는 안 되니, 욱은 응당 나를 따르고 정유는 집에 남아서 조상의 제사를 받들어라."

또 수노(首奴) 산이(山伊)와 무진금(戊辰金)·용이(龍伊) 등을 불러 분부하여 말했다.

"임금과 신하의 사이든 주인과 하인의 사이든 그 의리는 매한가지이니라. 내가 장차 신하로서 임금을 위해 죽으려 하나니, 너희들도 하인으로서 주인을 위해 죽으려 해야 할 것이다. 더군다나 내가 이미 죽기로 정하였으니, 조금이라도 명을 어기는 자가 있으면 벨 것이다."

그 말이 강개하였다. 하인들은 모두 흐느껴 울며 무서워하고 두려워하면서 감히 쳐다보지도 못한 채, 다만 "예, 예."라고만 할 뿐이었다. 조엽이 말했다.

"양가(兩家)에 비록 약간의 가동(家僮)들이 있으나 이들로만 금방 행군할 수가 없으니, 반드시 읍내에 가서 모의청(募義廳)을 설치하고 군복과 병장기들을 살펴 준비해야 하는데, 그 기간은 필시 얼마간의 시일이 소요될 것입니다. 그런데 하인들의 부모와 처자식이 혹여 드나드느라 번거로우면 기율이 엄하지 못할 뿐만 아니라, 군사들의 마음이 장차 피하고 관망하려 하여 견고하지 못할 염려가 있습니다."

공(公)이 "옳다."라고 하면서 곧바로 양가(兩家) 하인들의 처자식들을 불러 뜰 아래에 꿇리고서 준엄한 목소리로 분부하여 말했다.

"너희들은 모두 지극히 어리석고 보잘것없는 평범한 계집으로 어찌 군법(軍法)을 알겠느냐? 군법에는 여자들이 군대 안에 출입하면 목을 베고, 행군하는 즈음에 혹시 바라보며 눈물을 흘리면 전쟁하는 일에 크게 불리하다 하니, 너희들이 혹여라도 어미로서 아들을 방문하거나 아내로서 남편을 방문하거나 자매로서 오빠나 동생을 방문하여 술이나 밥을 먹인다는 핑계로 낮이든 밤이든 모의청(募義廳)에 발걸음을 가까이하였다가 탄로 나면, 우리는 장차 북을 메고서 군대 안을 돌게하고는 군대 출입구에 목을 매달아 놓을 것이며, 다음으로 군율을 범한 자의 남편 및 아들까지도 주벌할 것이다."

계집종들이 모두 두려워하며 벌벌 떨었다. 그러자 다시 온화한 말로 타일렀다.

"사람이 누구인들 죽지 않으랴마는 나랏일에 죽는다면 죽어서도 의로운 귀신이 될 것이요, 또 종군하는 자가 반드시 죽는 것도 아니니 요행히 적을 죽여 공을 이룬다면 나라에서 포상하는 은전이 있을 것이고 나 또한 백문(白文: 개인 문서)으로 너희들을 노비의 신분에서 풀어줄 것이다."

분부하기를 마치자, 즉시 그들을 몰아내도록 하였다.

집안일에 대해서만은 언급한 말이 한마디도 없이 가동(家僮) 53명과 종질 집의 장정 하인 46명을 점고(點考)하고는 만연사(萬淵寺)에 패문(牌文: 통지문)을 보내어 청색 깃발과 황색 깃발 각 1쌍씩,

징과 북도 각 하나씩 보내도록 하고는 집에 가지고 있던 마상도(馬上刀) 2자루를 꺼내어 공(公)과 종질이 나누어 차니, 고을의 모든 사람은 송구하면서도 감탄하지 않을 수가 없었다. 집안사람이 술과 음식을 내오니, 공이 평소 술을 즐기지 않았으나 이날은 큰 술잔을 가져오도록 명하여 종질과 함께 다섯 잔을 연달아 마시고는 드디어 말에 올랐다. 2명의 군졸이 깃발을 잡고 앞에서 인도하며 북을 한번 울리자, 가동(家僮) 100여 명이 이미 거리에 가득하여 한 사람도 뒤처지는 자가 없었다.

마침내 군사들을 거느리고 읍내로 향하였는데, 현감(縣監) 류훤(柳萱)이 공(公)의 숙질이 이르렀다는 소식을 듣고 황망히 나와 맞이하면서 손을 잡아 서로 위로하고는 의병청(義兵廳)을 객사(客舍)의 대청문(大廳門) 밖에 설치하였다. 고을의 선비 임시태(林時泰)와 최명해(崔鳴海) 또한 분연히 찾아와서 모이게 되자, 공이 크게 기뻐하여 말했다.

"두 사람이 찾아와서 도와주니, 대사가 잘 이룩될 것이네."

한편으로는 병장기를 주조하니, 야장(冶匠: 대장장이) 7명과 궁장(弓匠: 조궁장이) 9명이었고, 또 한편으로는 격문(檄文)을 여러 고을에 전하며 각 고을에 유사(有司)를 맡겼으니, 능주(綾州)는 양우전(梁禹甸)·문제극(文悌克)·민팽령(閔彭齡), 남평(南平)은 서행(徐荇)·정반(鄭槃)·윤숙(尹俶), 나주(羅州)는 최진강(崔震岡)·류준(柳浚)·홍명기(洪命基)·이환(李煥), 광주(光州)는 고부립(高傅立)·박사원(朴思遠)·류동환(柳東煥)·신필(申滭), 동복(同福)은 정호민(丁好敏)·김성원(金聲遠)이었다. 공(公)과 종질은 의병청을 지켰고, 공(公)의 아들 조욱(曺煜)은 융복(戎服: 군복)과 군량을 준비하는 일을 맡았으며, 최명해(崔鳴海)·임시태(林時泰) 및 사촌 동생 조수헌(曺守憲)·종질 조찬(曺燦)은 장정을 모집하거나 말을 사들이는 일을 나누어 책임졌다.

丙子擧義日記[2]【長子煜所錄, 時以書記從行.】

崇禎九年丙字十二月二十五日。

行宮[3]頒教文[4]來到, 公方朝食, 奉讀未半, 哽塞[5]不能語, 因輟食[6], 卽招從姪進士焜, 使讀◇[7], 焜亦慨然流涕。公語焜, 曰: “吾家世受國恩, 報效無地, 國危如此, 正主辱臣死之日也。吾雖駑劣, 願倡一隊義旅[8], 赴死國難, 君肯從我乎?” 焜起拜曰: “微叔之言, 姪方欲請之, 旣聞命矣。敢有異志◇[9]? 然虜騎充斥[10], 國勢窘迫, 便可卽地[11]赴難, 不可時刻差慢也.” 公喜曰: “君言正合吾意.” 具冠服[12], 辭◇[13]家廟[14], 告以勤王[15]死敵之義, ◇[16] 出坐外堂[17], 召

---

2 **丙子擧義日記: 和順擧義時日記.**

3 行宮(행궁): 왕이 도성 밖으로 행차할 때 머물던 別宮. 行在所라고도 했다.

4 頒教文(반교문): 나라에 경사나 있거나 큰 사건이 있을 때에 임금이 특정한 개인이나 백성들에게 알리던 教書.

5 哽塞(경색): 너무 지나치게 울어서 목이 막힘.

6 輟食(철식): 輟食의 오기. 먹던 것을 중단함.

7 **教文.**

8 義旅(의려): 나라가 위급할 때 백성들이 자발적으로 조직한 군대.

9 **乎.**

10 充斥(충척): 가득 참. 충만함.

11 卽地(즉지): 일이 진행되는 바로 그때.

12 冠服(관복): 관원의 正服으로 관에서 지급한 制服. 편복(便服)을 제외한 朝服·祭服·常服·公服·戎服·軍服 등을 모두 일컫는다. 그러나 좁은 뜻으로는 공

子煜[18]·孫挻有, 語曰: "汝等不可俱死, 煜當從我, 挻有留奉先祀." 又招首奴[19]山伊·戊辰金·龍伊等, 分付曰: "君臣·奴主, 一義也。吾將以臣死君, 汝輩以奴死主可也。且吾已決死, 少有違令者斬." 辭語慷慨。奴皆感泣畏懼, 莫敢仰視, 但"唯唯"而已。焜曰: "兩家雖有略干家僮[20], 不可以此輒行, 必往邑中, 設募義廳, 辦備[21]戎服[22]·軍器, 其間必費多小[23]日子。奴輩之[24]父母妻子, 或有◇[25]往來之煩[26], 則不但紀律之不嚴, 軍情將有逗撓[27]不

복과 상복을 뜻하는 것으로 團領의 袍만을 지칭하는 경우가 많다.

13 于.

14 家廟(가묘): 조선시대 사대부들이 고조 이하의 조상 위패를 모셔놓고 제사를 지내던 집안의 사당.

15 勤王(근왕): 임금에게 충성을 다함.

16 **家屬多有涕泣者 公張目叱之.**

17 外堂(외당): 사랑채. 집의 안채와 떨어져 바깥주인이 거처하며 손님을 접대하는 곳.

18 煜(욱): 曺煜(1592~1672). 본관은 昌寧, 자는 晦元. 아버지는 曺守誠이다. 1636년 병자호란 때 아버지의 의병 활동에 종행하였다.

19 首奴(수노): 상전가의 여러 일을 대신하던 종. 말하자면 우두머리 종이다.

20 家僮(가동): 집안의 심부름 따위를 맡아서 하는 어린 사내종.

21 辦備(판비): 마련하여 준비함.

22 戎服(융복): 예전에, 무관이 입던 옷의 하나인 철릭과 붉은 갓인 주립으로 된 옛 군복을 이르던 말.

23 小: 少.

24 之: **누락.**

25 **頻數.**

26 **煩: 弊.**

27 逗撓(두요): 적을 보고 두려워하며 피하고 나아가지 아니함.

堅之患." 公曰: "諾." 乃招兩家僮僕[28]之妻與子◇[29], 伏之庭下, 厲聲分付曰: "若屬[30]皆至愚匹婦, 豈知軍法乎? 軍法, 女子入軍中則斬, 行軍之際, 或瞻望涕泣, 則大不利於軍事。若屬, 或以母訪子, 以妻訪夫, 以姊妹訪同産[31], 托以餽酒餽飯, 或晝或夜, 足跡◇[32]近於募義廳而綻露, 則吾將負之以鼓, 徇示軍中, 梟首[33]軍門[34], 次誅犯律者之夫若子." 婢屬皆戰慄。又以溫言, 諭之曰: "人孰無死, 死於國事, 死且爲義鬼, 且從軍者[35], 未必死, 幸得[36]殺賊成功, 則國家必有褒賞之典, 我且以白文[37], 放贖汝等矣." 分付畢, 卽使驅出。家事一無所言, 點得家僮五十三名, 從姪家奴丁四十六名。發牌[38]萬淵寺[39], 取靑黃色[40]令旛[41]各[42]一雙, ◇[43] 錚

---

28 **僮僕: 僮奴.**

29 **數十輩.**

30 若屬(약속): 若輩. 너희들.

31 同産(동산): 친형제.

32 **或.**

33 梟首(효수): 죄인의 목을 베어 높은 곳에 매달아 놓음.

34 **軍門: 軍門外.**

35 **從軍者: 行軍者.**

36 **得: 或.**

37 白文(백문): 官印이 찍혀 있지 않은 사문서.

38 發牌(발패): 牌文을 보냄. 패문은 일종의 통지문을 가리킨다.

39 萬淵寺(만연사): 전라남도 화순군 화순읍 동구리 만연산에 있는 사찰.

40 **靑黃色: 靑色.**

41 令旛(영번): 令旗. 농악에 쓰이는 깃발의 하나. 원래는 군사상 軍命을 전달하기 위하여 사용되었던 작은 기였다.

42 **各: 누락.**

鼓各一, 出家中所有馬上刀二口, 公與從姪分佩, 鄕中大小民人, 莫不聳懼[44]咨嗟。家人進酒饌, 公素不喜酒, 是日命進大觥, 與從姪, 連飮五盃, 遂上馬。二卒執旗前導[45], 鼓一鳴, 家僮百餘名, 已滿街巷, 無一人落後者。◇[46] 遂領軍向邑[47], 縣監柳萱[48], 聞公叔姪之至, 慌忙[49]出迎, 執手相勞[50], 設義兵廳於客舍中大廳門外。鄕儒林時泰[51]·崔鳴海[52], 亦奮然來會, 公大喜曰: "二公來助, 大事濟矣." 一邊鑄造兵器, 冶匠七名, 弓匠九名[53], 一邊傳檄列邑, 各付有司, 綾州梁禹甸·文悌克·閔彭齡, 南平徐荇·鄭槃·尹俶, 羅州崔震岡·柳浚·洪命基, 李煥, 光州高傳立·朴思遠·柳東煥·申澤, 同福丁好敏·金聲遠。公與從姪, 守義廳, 公之子煜,

---

43 **銅角一雙.**

44 聳懼(용구): 벌벌 떨며 두려워함.

45 **前導: 導前.**

46 **公居前從姪在後.**

47 **遂領軍向邑: 徐驅鄕邑中.**

48 柳萱(류훤, 1586~1654): 본관은 文化, 호는 節初堂. 1604년 成均試, 1610년 司馬試에 각각 합격하고, 永同·和順의 縣監, 宗簿寺主簿, 儀賓府都正 등을 역임하였다.

49 慌忙(황망): 마음이 몹시 급하여 당황하고 허둥지둥함.

50 **相勞: 相泣.**

51 林時泰(임시태, 1590~1672): 본관은 平澤, 자는 子亨, 호는 玉林. 정묘호란 때 김장생의 막하에 모의유사로 추천되었으나 모친상을 당하여 나아가지 못하였으며, 1636년 병자호란 때는 조수성의 막하에서 의병 활동을 하였다.

52 崔鳴海(최명해, 1607~1650): 본관은 海州, 자는 巨源, 호는 三湖. 1636년 병자호란 때 조수성의 막하에서 의병 활동을 하였다.

53 **九名: 五名.**

◇[54] 領辨戎服糧餉之事, 崔鳴海·林時泰及從弟守憲[55]·從姪燦[56], 分主募丁·買馬等事。

12월 26일。

오후에는 최명해(崔鳴海)가 장정 9명을 모집해 왔고, 황혼 무렵에는 임시태(林時泰)가 17명을 모집해 왔다. 공(公)이 여러 유사(有司)들에게 일러 말했다.

"나라의 존망이 조석지간(朝夕之間)에 박두하여 우리가 만 번 죽을 계책을 내어 이 거사를 일으켰으니, 마땅히 밤새워 구원하기 위해 달려가야 하거늘 헛되이 날을 보내며 지체할 수는 없소이다. 내가 호남의 각 고을에 격문(檄文)을 전해야 함을 모르는 것이 아니나, 단지 인근의 고을에만 격문을 전한 것은 대개 그것이 광대하고 번다하면 지연될 염려가 있을까 두려웠기 때문이오. 행군하려면 군량을 시급히 마련하는 것이야말로 최우선이라오."

마침내 집에 비축해 두었던 쌀 23석을 내놓고 종질도 20석을 내놓자, 최공(崔公: 최명해) 10석, 임공(林公: 임시태) 8석, 사촌 동생 조

---

54 往來家中.

55 守憲(수헌): 曺守憲(1575~1638). 본관은 昌寧, 자는 而直, 호는 聾痦. 아버지는 曺大中이다. 1589년 기축옥사가 일어나 부친이 억울한 누명으로 세상을 떠나자 세상일에 뜻을 두지 않고 재주를 감춘 채 지냈다. 芝峯 李睟光과 의리지교를 맺었으며, 愚伏 鄭經世는 출사를 권유하였으나 끝내 나가지 않았다. 1636년 병자호란 때 종형 조수성을 따라 창의하였다.

56 燦(찬): 曺燦(생몰년 미상). 본관은 昌寧, 자는 晦叔, 호는 退軒. 아버지는 曺守弘이다. 1636년 병자호란 때 종숙 조수성과 재종형 조엽을 따라 창의하였다.

수헌(曺守憲) 13석, 종질 조찬(曺燦)도 13석을 내놓았다. 공(公)이 아들 조욱(曺煜)에게 일러 말했다.

"너는 당장 집에 가서 다시 군복과 군량 등 물품을 제대로 갖추거라. 양가(兩家)에서 모집한 군정(軍丁: 군역의 의무를 지는 장정)이 거의 100명에 가까우나, 모두가 양가의 하인들이 아니고 농민으로서 양인 장정들이 대부분이다. 실로 위협과 부림을 받아 왔을 것이니, 어찌 의병으로 모집된 것을 즐거이 죽을 일이라고 여길 리가 있겠느냐? 그 몸은 비록 여기에 있으나 그 마음은 필시 집에 있으려니, 너는 모름지기 후하게 어루만지고 베풀어주어라. 그들의 가족으로 굶주려 추위에 떠는 자에게는 곳간을 열고서 베풀어 군인들의 마음을 위로하는 것도 또한 오랑캐를 제어하는 하나의 방도일 것이다."

고을의 선비 류함(柳涵)이 찾아와서 말했다.

"여러 사람이 의병을 일으켰다는 소식을 들었는지라, 일부러 서로 돕고자 찾아왔소이다."

이에 고을에 사는 한량(閒良: 현직 없는 벼슬아치) 김진성(金振聲)·김위징(金魏徵)·배홍립(裵弘立)·편성대(片成大)·한명남(韓命男) 등을 불러 행군의 규모와 군정(軍丁) 모집하는 방략을 상의하여 확정하자, 류함 또한 군정 모집하는 일을 담당하며 의병에 나아가기를 자원하였다. 배홍립은 군향색리(軍餉色吏)로서 군량미를 의병청 앞 창고에 받아두도록 하고, 편성대는 진법(陣法)을 익혀 대오장(隊伍長)으로서 군정(軍丁)을 훈련하도록 하고는, 의거에 호응하여 군량을 보내줄 것을 각 면(面)에 두루 알렸다.

二十六日。

午後, 崔鳴海募來九丁, 黃昏, 林時泰募來十七名。公謂諸有司, 曰: "國家存亡, 迫在朝夕[57], 吾輩出萬死倡此擧, 當星夜赴難, 不可曠日[58]遲滯。吾非不知傳檄湖南各邑, 而[59]只傳於隣近邑[60], 盖恐其浩煩[61]遲延之患也。行軍, 急務糧餉爲先." 遂罄家儲, 出米二十三石, 從姪亦出二十石, 崔公出十石, 林公出八石, 從弟守憲出十三石, 從姓燦亦出十三石[62]。公謂子煜, 曰: "汝當至家[63], 更飭軍服糧餉等需, 且兩家收拾軍丁[64], 殆近百數, 而非盡是奴屬, 戶下[65]良丁居多。實被威脅驅使而來, 豈有募義樂死之理? 其身雖在此, 其心必在家, 汝須厚爲撫恤。廩其家屬之飢寒者, 以慰軍人之心, 亦一馭戎[66]之道也." 鄕儒柳涵[67], 入來曰: "聞諸君之擧義, 特來相助." 仍招邑居, 閒良[68]金振聲·金魏徵·裵弘立[69]·片

---

57 **迫在朝夕: 在於朝夕.**

58 曠日(광일): 하는 일이 없이 많은 날을 허송함.

59 **而: 누락.**

60 **邑: 數邑.**

61 浩煩(호번): 범위나 규모 등이 광대하고 번다함.

62 **從弟守憲出十三石 從姓燦亦出十三石: 누락.**

63 **至家: 歸家.**

64 軍丁(군정): 군역의 의무를 지는 장정. 16세 이상 60세 미만의 丁男으로 국가나 관안의 명령으로 병역에 종사한다.

65 戶下(호하): 下戶. 조선시대에 촌락을 구성하던 농민층을 가리키는 말.

66 馭戎(어융): 오랑캐를 제어함.

67 柳涵(류함, 1576~1661): 본관은 文化, 자는 子淨, 호는 百泉. 曺大中의 사위이다. 1624년 李适의 난, 1627년 정묘호란, 1636년 병자호란 때 의병으로 참여하였다. 특히 병자호란 때는 조수성의 막하에서 아들 5형제와 함께 활동하였다.

68 閒良(한량): 무과의 합격자로서 前職이 없던 사람.

成大[70]·韓命男等, 商確[71]行軍規模, 募丁方略, 柳涵亦當募丁事, 自願赴義。◇[72] 裵弘立, 爲軍餉色吏[73], 捧置糧米於廳前庫中, 以片成大, 習於陣法, 爲隊伍長, 使調習軍丁, 以應義輪糧之意, 遍告各面◇[74]。

12월 27일。

패문(牌文: 통지문)을 만연사(萬淵寺), 능주(綾州) 쌍봉사(雙峯寺)·석천사(石泉寺), 남평(南平) 운흥사(雲興寺), 동복(同福) 영봉사(靈鳳寺)·유마사(維摩寺), 순천(順天) 송광사(松廣寺)·선암사(仙巖寺), 광주(光州) 증심사(澄心寺), 영암(靈巖) 도갑사(道岬寺), 해남(海南) 대둔사(大芚寺) 등의 승려 처소로 보내고 전립(戰笠) 등 물품을 거두어 바치도록 하였으며, 김위징(金魏徵)은 의병을 인솔하는 군관(軍官)에 충원하여 군안(軍案: 군인 명부)을 베끼도록 하였으며, 각 사찰과 각 마을의 큰솥과 중솥 및 각 집에 있는 솥 등의 총합 18개와 세발솥

---

69 裵弘立(배홍립, 생몰년 미상): 본관은 達城, 異名은 胤先. 1636년 병자호란 때 조수성의 막하에서 운량관이 되어 의병 활동을 하였다.

70 片成大(편성대, 1605~1673): 본관은 浙江, 자는 亨福, 호는 隱林. 조부는 임진왜란 때 우리나라에 귀화한 명나라 중군 도독 片碣頌이며, 부친은 片豊世이다. 1636년 병자호란이 일어나 근왕병을 모집한다는 격문을 보고 의병장 曺守誠을 찾아가 의병활동을 하였다. 의병을 이끌고 북상하다 淸州 西平源에서 청나라 군대를 참살하여 전공을 세웠다.

71 商確(상확): 서로 의논하여 확실하게 정함.

72 **公之孫挺有 輸來粮米 以.**

73 色吏(색리): 監營 또는 郡衙 등의 아전.

74 **各村.**

·노구솥을 군중(軍中)에 운반해 놓도록 하였으며, 군졸 18명에게 번(番) 드는 순서를 정하여 군량을 책임지도록 하면서 군량미로 군정(軍丁)은 1되, 의청(義廳) 회원은 7홉을 마련하게 하였다. 만연사의 스님 지삼(智森)·지환(智環)·경훈(景勳) 등이 별도로 종이 10속(束)을 바쳐 군중일기(軍中日記)를 쓰는 물자로 삼게 하였다.

고을 사람 장경흡(張慶洽: 張景洽의 오기)과 노덕량(盧德量) 등은 힘이 남보다 뛰어났으므로 특별히 들어오도록 청하여 일을 함께하자고 말했는데, 노덕량이 어버이가 늙었다는 이유로 사양하자, 공(公)이 말했다.

"자네에게 두 형이 있어서 독자이거나 형제가 없는 자도 아니니, 옛날 위(魏)나라 공자(公子: 信陵君)의 군중(軍中)이었을지라도 틀림없이 자네에게 집으로 돌아가 부모를 봉양하도록 허락하지 않았을 것이네."

그러면서 임금이 욕을 당하면 신하 된 자는 죽어야 하는 의리를 깨우치니, 노덕량 또한 깊이 느껴 깨닫고서 다시는 사양하지 않았다.

고을의 선비 공우길(孔遇吉)·공형길(孔亨吉) 등이 와서 군정(軍丁) 15명과 군량미(軍糧米) 3석을 각자 스스로 충당하고, 최기종(崔起宗)이 와서 군정 14명과 군량미 8석을 스스로 충당하고, 임시민(林時敏)·임시경(林時慶)·임시익(林時益)·임시준(林時儁)·임시계(林時啓) 등이 와서 군정 18명과 군량미 25석이며 철 40근을 스스로 충당하면서도 모두 의진(義陣)에 참여하기를 바랐다. 공(公)이 기뻐하여 말했다.

"제군(諸君)들이 의병 모집에 이처럼 지원하니, 충의를 평소에 축

적한 자가 아니고서야 할 수 있겠는가?"

손자 조정유(曺挺有)가 군량미를 실어 오자, 공(公)이 일러 말했다.

"훈련도 받지 못하여 까마귀 떼처럼 규율도 없고 홀로 되어 심약한 군졸들에게 한번 잔치를 베풀어서 사기를 높여야겠으니, 너는 모름지기 큰 소 2마리를 가져와서 내일 군졸들에게 내주어라."

조정유는 이 명을 받고 갔다.

그날 밤 공(公)이 종질 및 최명해(崔鳴海)·임시태(林時泰)와 함께 촛불을 밝히고 병서(兵書)를 보는데, 어느덧 한밤중이 되자 색리(色吏)·사졸(士卒)들이 모두 잠이 들어 땅에 쓰러져 있으니, 고을 수령 류훤(柳萱)이 사람을 시켜 엿보게 하였다가 감탄하여 말했다.

"내가 매번 사람을 시켜 밤에 엿보게 할 때마다 한결같이 게을리하지 않고 갈수록 더욱 독실하니, 충성스럽고 울분을 지닌 초야의 선비들도 이와 같을진대 국록을 먹는 자가 부끄럽기 그지없구나."

마침내 보인(保人)·관노(官奴) 30명과 급료미(給料米) 20석을 허락하고는 또 말했다.

"우리 고을의 병장기는 이미 상영(上營: 관찰사 감영)의 원군(元軍: 상비군)에게 보내졌으니, 지금 바야흐로 특별히 활과 화살 40부(部), 긴창 20자루를 만들어서 의병의 거사를 돕겠소이다."

공(公)이 대답하였다.

"이번 변란은 갑자년(甲子年: 1624년 이괄의 난)에 비할 바가 아니외다. 마땅히 밤새워서라도 달려가 대적해야 하니 시일을 지체해서는 아니 되오이다. 허락한 보정(保丁: 보인 관노의 장정)만이라도 내일 새벽에 불러 보내주시면 좋겠소이다."

류후(柳侯: 류휜)가 "좋소이다."라고 하였다.

二十七日。

發牌於萬淵寺, 綾州雙峯寺[75]·石泉寺[76], 南平雲興寺[77], 同福靈鳳寺[78]·維摩寺[79], 順天[80]松廣寺[81]·仙巖寺[82], 光州澄心寺[83], 靈巖[84]道岬寺[85], 海南[86]大芚寺[87]僧處, 使收納戰笠[88]等物, ◇[89] 以金魏徵, 充領兵軍官, 使之寫軍案[90], 運致各寺各村大鼎·中鼎及各家鼎合十八箇[91]及錡鐺等物[92]於軍中, 使軍卒十八人[93]遞番[94]主餉,

---

75 雙峯寺(쌍봉사): 전라남도 화순군 이양면 증리에 있는 사찰.

76 石泉寺(석천사): 전라남도 화순군 도곡면 천암리에 있는 사찰.

77 雲興寺(운흥사): 전라남도 나주시 다도면 암정리에 있는 사찰.

78 靈鳳寺(영봉사): 전라남도 화순군 남면 장천리에 있는 사찰.

79 維摩寺(유마사): 전라남도 화순군 사평면 모후산에 있는 사찰.

80 順天(순천): 전라남도 동남부에 위치한 고을.

81 松廣寺(송광사): 전라남도 순천시 송광면 신평리 조계산 서쪽에 있는 사찰.

82 仙巖寺(선암사): 전라남도 순천시 승주읍 죽학리 조계산 동쪽에 있는 사찰. **西南寺.**

83 澄心寺(증심사): 광주광역시 동구 운림동 무등산 서쪽 산자락에 있는 사찰.

84 靈巖(영암): 전라남도 남서부에 위치한 고을.

85 道岬寺(도갑사): 전라남도 영암군 군서면 월출산에 있는 사찰.

86 海南(해남): 전라남도 남서부에 위치한 고을.

87 大芚寺(대둔사): 전라남도 해남군 삼산면 구림리에 있는 사찰. 大興寺라고도 한다.

88 戰笠(전립): 조선시대에 무관이 쓰던 모자의 하나.

89 **從姪家輸納糧米.**

90 軍案(군안): 군인의 주소 및 신상 명세 따위를 적어 군인으로서 지위와 신분을 밝힌 명부.

91 **十八箇: 十六箇.**

粮米則軍丁一升, 義廳會員七合, 磨鍊◇[95]。萬淵寺僧智森·智環·景勳等, 別獻紙十束, 爲軍中日記之資。鄕人張慶洽[96]·盧德量等, 膂力過人, 別請入來, 語以同事◇[97], 盧辭以親老, 公曰: "汝有兄二人, 非獨子無兄弟者, 昔在魏公子[98]軍中, 必不許爾歸養." 曉以主辱臣死之義, 盧亦感悟, 更不推辭。鄕儒孔遇吉[99]·孔亨吉[100]等來, 軍丁十五名·糧米各三石自當, 崔起宗[101]來, 軍丁十四

---

92 **及錡鐺等物: 누락.**

93 **十八人: 十六人.**

94 遞番(체번): 일정 기간 서로 교대하여 근무하거나 番드는 기간이 만료되어 다음 차례로 바뀌는 것. **作番.**

95 下.

96 張慶洽(장경흡): 張景洽(1598~1669)의 오기. 본관은 仁同, 자는 洽之, 호는 竹靑·菊軒. 1636년 병자호란 때 조카 張翼松과 함께 崔鳴海 부대에 들어가서 군량미를 모으고 礪山까지 나아가서 청주로 진군하다가 화의가 성립되었다는 소식을 듣고 귀향하였다.

97 **意.**

98 魏公子(위공자): 信陵君 無忌.《資治通鑑》에 따르면, "공자가 병사를 모아놓고 명령을 내리기를, '父子가 함께 군중에 있는 자는 아비가 집으로 돌아가고, 兄弟가 함께 군중에 있는 자는 형이 집에 돌아가고, 獨子로 형제가 없는 자는 집에 돌아가 부모를 봉양하라.'고 하였다.(公子勒兵下令曰: '父子俱在軍中者父歸, 兄弟俱在軍中者兄歸, 獨子無兄弟者歸養.')"라고 한 것을 염두에 둔 말.

99 孔遇吉(공우길, 생몰년 미상): 본관은 曲阜, 자는 乃元, 호는 復齋.1636년 병자호란 때 조수성의 막하에서 의병 활동을 하였다.

100 孔亨吉(공형길, 생몰년 미상): 본관은 曲阜, 자는 乃文, 호는 菊圃. 공우길의 4촌동생이다. 1636년 병자호란 때 조수성의 막하에서 의병 활동을 하였다.

101 崔起宗(최기종, 1595~1670): 본관은 海州, 자는 孝淑. 정유재란 때 아버지 崔瑞生이 沙津浦에서 해를 당하고 어머니가 그를 따라 투신하자 家奴 順童에게 의탁하여 살았기 때문에 父祖 이상의 생몰년과 묘소를 알지 못하였는데, 원수를 갚기 위해 일찍부터 문학에 통달하고 겸하여 무술을 익혔다. 1636년 병자호란이

名·糧米八石自當, 林時敏[102]·林時慶[103]·林時益[104]·林時儁[105]·林時啓[106]等來, 軍丁十八名·糧米二十五石·鐵四十斤自當, 皆願從義陣。公喜曰: "諸君, 勤於應募如此, 非忠義之素所[107]蓄積者, 能之乎?" 孫挺有輸來糧米[108], 公謂曰: "烏合單弱之卒, 當一犒以增氣, 汝須[109]得大牛二隻, 爲明日犒軍[110]之需." 領命[111]而去。當

일어나자 화순에서 의병을 일으킨 曺守誠의 부대에 들어가 종사관으로 활동하였다. 1645년에는 무과에 급제하여 1649년 무신 겸 선전관을 지냈다.

102 林時敏(임시민, 1592~1672): 본관은 平澤, 자는 子求, 호는 林泉. 아버지는 林塾이다. 1636년 병자호란이 발발하자 형 林時啓 등 여러 從兄들과 함께 擧義하였다.

103 林時慶(임시경, 1599~1668): 본관은 平澤, 자는 子夏, 호는 鶴亭. 아버지는 林墩이고, 林時儁의 아우이다. 1636년 병장호란 때 종형 林時啓의 격문에 따라 종형제들과 함께 의병을 일으켰다.

104 林時益(임시익, 1606~?): 본관은 平澤, 자는 君信, 호는 默庵. 아버지는 林坦이다. 1636년 병자호란 때 종형 林時啓의 격문에 따라 종형제들과 함께 의병을 일으켰다.

105 林時儁(임시준, 1590~?): 본관은 平澤, 자는 子賢, 호는 松溪. 아버지는 林塾이다. 1636년 병장호란 때 종형 林時啓의 격문에 따라 종형제들과 함께 의병을 일으켰다.

106 林時啓(임시계, 1588~1639): 본관은 平澤, 자는 子沃, 호는 隱庵. 아버지는 林塾이다. 1636년 병자호란이 발발하자 동생 임시태 및 여러 4촌형제들과 함께 擧義하였다. 집안의 재산을 모아 軍用에 충당하였고, 전주에 이르러 李興浡을 만나 함께 행군하기로 하였다. 淸州 西平原에 이르러 적 9명을 참수하였다. 다시 진군하던 중 강화가 성립되었다는 소식을 듣고 통곡하며 병사를 해산하고 돌아왔다.

107 所: 누락.

108 糧米: 五石米.

109 須: 可.

110 犒軍: 餉軍.

夜, 公與從姪及崔·林, 明燭看兵書, 夜已過半, 色吏·士卒, 皆睡倒地[112], 地主[113]柳萓[114], ◇[115]使人覘之, 歎曰: "◇[116] 吾每使人夜覘, 終始不怠, 愈往愈篤, 草野忠憤如是, 食祿者可愧[117]." 遂許保人[118]官奴三十名·料米[119]二十石, 且◇[120]曰: "本邑兵器, 已輸於上營[121]元軍[122], 今方特造弓箭四十部·長槍二十柄, 以助義擧." 公答曰: "今番之變, 非甲子[123]之比。當星夜赴敵, 不可留滯時日。所許保丁, 明曉招送, 可也." 柳侯曰: 諾[124]。

---

111 領命(영명): 명령을 받아들임.

112 **地: 누락.**

113 地主(지주): 고을 원님. 고을 수령.

114 **柳萓: 柳侯.**

115 **暗.**

116 **擧義屢日.**

117 **可愧: 當愧死.**

118 保人(보인): 군에 직접 복무하지 않는 병역 의무자. 평시에는 재정적으로 면포, 쌀, 베, 말, 군장비 등을 제공하며, 전시에는 정병과 함께 가야한다.

119 料米(요미): 예전에, 관원에게 급료로 주는 쌀을 이르던 말.

120 **傳語.**

121 上營(상영): 監營. 관찰사가 직무를 보던 관아.

122 元軍(원군): 상비군. 원래 정해진 정규 군사.

123 甲子(갑자): 인조반정 때 공을 세운 李适이 1624년 1월 22일에 일으킨 반란을 가리킴. 한때 한양을 점령하기도 했으나 반란군 내부의 분열과 관군의 반격으로 실패했다.

124 **日諾: 許諾.**

12월 28일。

아침밥을 먹은 후에 류후(柳侯: 류훤)가 보낸 군정(軍丁) 30명이 일제히 와서 만났는데, 그들 중에 이태(李太)라는 이름을 지닌 자는 다리를 저는 병이 있었고, 서지금(徐池金)이라는 자는 스스로 말하기를 부모가 모두 죽었으나 미처 흙을 제대로 덮지 못하였다고 하여서 특별히 허락하여 돌려보냈다.

4촌 동생 조수헌(曺守憲)이 가동(家僮) 5명, 모집 장정(壯丁) 10명, 군량미 4석, 강철 35근을 가져왔고, 종질 조찬(曺燦)이 가동 6명, 모집 장정 8명, 말 3필을 몰고 왔고, 서제(庶弟: 庶母에게서 태어난 아우) 조수천(曺守天)이 모집 장정 7명을 데려왔다. 손자 조정유(曺挺有)가 들어와 말했다.

"큰 소 1마리를 이미 마련했습니다."

공(公)이 이에 말했다.

"당장 내일 군사들에게 먹일 것이다."

광주(光州) · 남평(南平) · 동복(同福)의 유사(有司)들이 도착하였는데, 광주 유사 고부립(高傅立)이 말했다.

"공(公)께서 늘그막에 앞장서서 의병을 일으키시니, 이는 이른바 대의(大義)를 드러내는 자가 두려워하지 않고 용감하게 뛰쳐나가며 죽고 사는 것을 따지지 않은 것입니다. 군정(軍丁)과 양식 및 기계를 마땅히 힘을 다해 모집하여 낱낱이 보내겠습니다."

공(公)이 말했다.

"내가 비록 먼저 창의하였으나 여러분들이 이에 화답하여 응하지 않고서야 어찌 감히 구원하러 가기를 바랄 수 있겠습니까? 제공(諸

公)들은 모두 돌아가 기한 내에 의병들을 많이 모집해 주기를 바라는 바입니다."

여러 유사(有司)가 수락하고 갔다.

오후에 눈이 내렸는데, 해가 저물 무렵에 이흥발(李興浡)·양만용(梁曼容) 등의 창의 격문(倡義檄文)이 왔다. 격문에서 공(公)의 숙질 및 최명해(崔鳴海)와 임시태(林時泰) 두 사람을 화순(和順) 모의유사(募義有司)에 위촉하였으니, 공(公)이 말했다.

"우리 네 사람이 이미 이 거사를 일으켰는데 이 격문이 또 왔으니, 어찌 도모하지 않고도 한마음이 될 수 있단 말인가? 그러나 이미 약간의 의병과 군량을 모았으니 다만 달려가 적과 싸우는 데 힘을 합쳐야지, 누군가의 지휘 아래에 의탁해서는 아니 될 것이다."

그리고는 즉시 최명해를 시켜 이흥발의 진영(陣營)에 가서 그가 군대를 다스리는 것을 살피고 또 병사들을 합할 날짜를 알리도록 하였다.

능주 유사(綾州有司) 세 사람이 어둠을 타고 다 같이 와서 말했다.

"의병은 갑자기 많이 구하기가 어려워 단지 교생(校生) 중에서 7명만을 구하고, 군량미는 각각 자신의 집에서 내어 10석을 모아 가져왔으며, 칼과 화살 및 말은 당장 되돌아가 힘껏 모아 보내겠습니다."

공(公)이 말했다.

"제공(諸公)들이 모두 이웃 고을에 살고 있으면서 격문을 보낸 지 며칠이 되도록 한 사람도 오지 않아 자못 의아하게 생각했으나 군정(軍丁)과 군량미를 모아서 가지고 왔으니, 일에 민첩하고 의(義)에 용감한 것이라 이를 만하오이다."

우리 고을의 서면(西面)에서 군정(軍丁) 9명, 쌀 5석, 말 6필, 활 7개, 화살 20부(部), 조총 2자루, 창 3자루, 전립(戰笠) 9개를 모았는데, 군마와 기계는 훈련색리(訓鍊色吏)가 책임지고 맡아 보살피게 하였으며, 군량미는 군향색리(軍餉色吏)가 책임지고 맡아 보살피게 하였다.

이날 밤에 능주 유사(綾州有司)들과 상의하여 확실하게 정하느라 밤을 새웠다.

二十八日。

朝食後, 柳侯所送軍丁三十名, 一齊來現, 其中李太◇[125]爲名者, 有蹇病, 有徐池金者, 自言父母俱死, 未克[126]掩土, ◇[127]特許還送。從弟守憲, 以家僮五名及募丁十名·粮米四石·剛鐵三十五斤來, 從姪燦, 以家僮六名及募丁八名·馬三匹來[128], 庶弟守天[129], 募丁七名來。孫挺有入來, 曰: "大牛一隻[130], 已辦得." 公曰: "當明日爲犒." 光州·南平·同福有司來到, ◇[131] 光州有司高傳立曰: "公當老境, 挺身[132]擧義, 此所謂聲大義者, 明目張膽[133], 不計死

125 者.

126 未克: 未能.

127 故.

128 從姪燦 以家僮六名及募丁八名 馬三匹來: 누락.

129 守天(수천): 曺守天(1572~?). 본관은 昌寧, 자는 允九. 아버지는 曺閔中이고, 조수성의 동생이다.

130 一隻: 二隻.

131 公使從姪及崔林兩人 出迎於軍門外 入則相揖 叙賓主而坐.

132 挺身(정신): 무슨 일에 앞장서서 나아감.

生也。軍丁·糧械[134], 當募得極力[135], 這這[136]領送." 公曰: "吾雖先倡, 非公等之和而應之, 安敢望赴難乎? 幸望諸公皆歸, 剋期[137]多募." 諸有司, 領諾而去。午後雪下, 晡時[138]李興浡·梁曼容等, 義檄來到[139]。檄文中, 以公叔姪及崔林兩人, 付和順募義有司, 公曰: "吾儕四人, 已倡此擧, 而此檄又至, 何不謀而同[140]也? 然已聚略干兵糧, 只可合力於赴敵, 不可投附[141]於麾下." 卽使崔鳴海, 往李興浡營中, 觀其治軍, 且告會兵日子。綾州有司三員, 乘昏齊到, 曰: "義旅猝難多得, 只得七名於校生[142]中, 糧米各出於家, 聚十石領來, 釰箭及馬匹, 當還歸, 極力募送." 公曰: "諸公皆在隣邑, 發檄屢日, 無一人來, 頗以爲訝, 軍丁糧米, 募聚領來, 可謂敏於事而勇於義." 本縣西面所募軍丁九名·米五石·馬六·弓七·箭二十部·鳥銃二·槍三, 戰笠九, 軍馬器械, 令訓鍊色

---

133 明目張膽(명목장담): 겁내지 않고 용감하게 뛰쳐나감. 송나라 劉安世가 諫議大夫에 임명되어 그의 어머니에게 "관직을 맡게 되었으므로 '모름지기 눈을 밝게 하고 담력을 크게 하여(須明目張膽)' 신하로서 책임을 다할 것입니다. 이제부터 어머니를 모시는 일에 소홀할지라도 용서해 주십시오."라고 한 말에서 유래한다.

134 **糧械: 粮米器械.**

135 **募得極力: 極力募得.**

136 這這(저저): 낱낱이.

137 剋期(극기): 기일을 약정함.

138 晡時(포시): 오후 3시부터 5시까지 말함. 해가 저물 때를 말한다.

139 **來到: 來.**

140 不謀而同(불모이동): 의논하지 않고서도 의견이 서로 같음.

141 投附(투부): 자신의 몸을 세력 있는 곳에 의탁하고 본래의 직역을 피하는 일.

142 校生(교생): 조선시대 각 고을의 향교에 등록된 학생.

次知[143], 糧米, 令軍餉色次知。是夜, 與綾州有司, 商確達曙[144]。

12월 29일。

날이 밝아올 무렵에 조정유(曺挺有)가 군량미 10석과 소 2마리를 가져오고, 종질가(從姪家: 曺熀)에서 쌀 10석을 가져오고, 4촌 동생 조수헌(曺守憲)·종질 조찬(曺燦)이 태(太: 콩) 4석, 힘줄과 아교 등[筋膠: 각궁의 재료]의 물품, 철 37근, 기죽(旗竹: 깃대) 10개를 가져왔다. 제공(諸公)들이 그 부지런하고 성실함에 감탄하여 말했다.

"이러한 숙부가 있어서 이러한 조카가 있도다."

아침밥을 먹은 뒤, 쌀 8석이 최명해(崔鳴海)의 집에서 왔고, 또 7석이 임시태(林時泰)의 집에서 왔다. 류함(柳涵)이 군정(軍丁) 8명, 쌀 5석, 콩 5석, 전죽(箭竹: 화살대) 500개, 철 30근을 가져와서 말했다.

"나랏일이 다급해서 많이 모으기가 어려웠습니다."

공(公)이 말했다.

"군(君)의 집안 살림 형편으로 이렇게까지 할 줄 생각지 못했다네."

그의 부지런하고 민첩함을 가상히 여겼다.

능주 유사(綾州有司)들이 돌아가려고 고하니, 공(公)이 만류하며 말했다.

"오늘 군사들을 음식 먹이고 위로하며 훈련하는 절차를 볼 수 있

143 次知(차지): 책임지고 맡아 보살핌.

144 達曙(달서): 밤새움.

을 것이네."

공우길(孔遇吉)과 공형길(孔亨吉)이 장정 노비 5명과 쌀 13석을 가져왔으며, 최기종(崔起宗)이 모집한 장정 7명과 쌀 8석을 가져왔으며, 임시민(林時敏) 등 5명이 모은 바는 군사 15명, 쌀 10석, 콩 7석, 장 5병, 소금 5석이었다. 우리 고을의 동면(東面)에서 모집한 군정(軍丁) 9명과 양식 6석, 콩 2석, 철 100근, 창 1자루, 말 8필, 무명베 5필, 화살 15부, 전립(戰笠) 7개를 실어 오자, 즉시 명을 내려 한명남(韓命男)과 배홍립(裵弘立)에게는 군사들을 호궤(犒饋)할 준비를 하도록 하고, 편성대(片成大)에게는 군안(軍案: 군인 명부)을 점검하도록 하고는, 공(公)이 말했다.

"2마리의 소로는 군사들을 먹이기에 부족하다."

그리고는 급히 가노(家奴) 산이(山伊)를 보내어 노복(奴僕) 이금(伊金) 집의 소 1마리도 끌고 와 함께 도살하게 하였다. 잠시 후에 한명남이 와서 아뢰었다.

"소는 이미 잡아 삶았습니다만, 술은 얼마만큼 준비해야 마땅하겠습니까?"

공(公)이 말했다.

"이번에 호궤(犒饋)하는 것은 사기를 떨쳐 일으키려는 것이니, 죄다 취하도록 하려는데 어찌 미리 한정할 수 있겠는가?"

한명남이 마침내 쇠고기와 술을 의청(義廳)에 먼저 올리려 하자, 공(公)이 말했다.

"우선 그만두게나. 마땅히 군사의 진용(陣容)을 훈련한 후에야 먹을 것이네."

종질이 말했다.

"장수 된 도리는 사졸(士卒)보다 먼저 먹거나 마실 수가 없다오."

공(公)이 즉시 제공(諸公)들과 함께 한적하고 널찍한 곳에 나아가니, 북을 치고 깃발을 휘두르며 각지거나 둥근 진용을 지어 나아가고 물러나는 것을 주선하니 대오(隊伍)가 엄정하였다. 마침내 여러 차례 검열하고서 그치자, 쇠고기와 술을 내와 크게 잔치하여 사졸(士卒)을 먹이도록 하였다.

오후에 능주 유사(綾州有司)가 하직하고 떠나갔으며,

나주 유사(羅州有司) 류준(柳浚)이 군정(軍丁) 7명, 전죽(箭竹: 화살대) 400개, 활 15개, 큰칼 2자루, 연명(連名)의 편지를 의병청에 보내면서, '몸에 병이 나서 몸소 나아갈 수 없지만, 우선 기다렸다가 조금이라도 낫기만 하면 즉시 달려가겠다.'라고 하였다. 얼마 후에 최진강(崔震岡)·홍명기(洪命基) 두 사람이 또한 군정(軍丁) 17명, 장전(長箭:긴 화살) 15부, 활 4개, 조총(鳥銃) 5개를 가져오자, 공(公)이 기뻐하며 최진강의 손을 잡고 말했다.

"부지런하고 성실히 하려면 이처럼 해야 하지 않겠는가?"

다시 모집하여 기한 내에 달려오는 뜻을 권하여 힘쓰게 하고는 술과 음식을 내어 권하였고, 한명남(韓命男)에게 분부하여 나주(羅州)에서 새로 도착한 군인들도 후하게 먹이도록 하였다.

고을의 선비 박상진(朴尙眞)은 평소 담력(膽力)에 의기(義氣)까지 있는 강개한 사람이었다. 이날 의청(義廳)의 제공(諸公)들이 서로 의논하였다.

"우리가 의병을 일으킨 지 이미 5, 6일이 되었는데도, 이런 사람이 지금까지 오지 않고 있으니 참 이상한 일이다."

마침내 특별히 의청에 들어오도록 청하여 함께 일을 해보자고 말하자, 박상진이 꽤 오래도록 침묵하다가 비로소 허락하고 가동(家僮) 17명, 쌀 13석, 콩 3석, 칼 1자루를 또 허락하였다. 편성대(片成大)가 쌀 2석, 장(醬) 1동이를 바쳤고, 김위징(金魏徵)이 쌀 2석, 콩 2석을 바쳤다.

땅거미가 질 무렵에 류후(柳侯: 현감 柳萱)가 쇠고기와 술을 보내왔는데, 밤이 깊어 가자 군인들이 술주정하며 서로 싸워서 그 소리가 장막 안까지 들리니, 즉시 편성대에게 조사하여 찾아내도록 하자 잘못을 저지른 5명을 찾아내어 곤장을 각각 7대씩 치게 하였다.

二十九日。

平明[145], 挺有以糧米十石·牛二集來, 從姪家米十右來, 從弟守憲·從姪燦, 以太四石·筋膠等物·鐵三十七斤·旗竹十箇來[146]。諸公, 歎其勤幹[147], 曰: "有是叔有是姪." 朝食後, 米八石, 自崔鳴海家來, 七石, 自林時泰家來。柳涵以軍丁八名·米五石·太五石·箭竹五百箇·鐵三十斤來, 曰: "事急, 難以多募." 公曰: "以君家力, 不圖至斯." 可嘉其勤敏也。綾州有司◇[148]告歸, 公挽之曰: "今日, 可觀犒餉調習之節." 孔遇吉·孔亨吉, 以奴丁五名·米十三

145 平明(평명): 해가 돋아 밝아올 무렵.

146 **從弟守憲 從姪燦 以太四石 筋膠等物 鐵三十七斤 旗竹十箇來: 누락.**

147 勤幹(근간): 부지런하고 성실함.

148 **將.**

石來, 崔起宗募丁七名·米八石來, 林時敏五人, 所募軍十五名·米十石·太七右·醬五甁·塩五石[149]。本縣東面, 所募軍丁九名·粮六石·太二石·鐵百斤·槍一柄·馬八匹·布五匹·箭十五部·戰笠七箇輪來, 卽令韓命男·裵弘立, 設犒軍之備, 片成大點軍案, 公曰: "兩隻牛, 不足於犒." 急送家奴山伊, 牽來奴伊金家牛隻, 使並宰之。有頃, 韓命男來白曰: "牛則已宰且烹, 酒當用幾何?" 公曰: "此犒, 欲增士氣之擧, 期以盡醉, 何可預限?" 命男, 遂以牛酒, 先進於義廳, 公曰: "姑止之。當調習軍容[150]而後, 餉之." 從姪曰: "◇[151] 爲將之道, 不可先士卒飮食." 公◇[152] 卽與諸公, 就閒曠之地, 伐鼓揮旗[153], 結方圓等陣, ◇[154]進退周旋[155], 隊伍嚴整。遂操閱[156]數次而止, 令進牛酒, 大犒士卒。◇[157] 午後, 綾州有司辭去, 羅州有司[158]柳浚, 送軍丁七名·箭竹四百箇·弓十五, 大刀二, 都狀[159]義廳, '身病不能躬進, 姑待小差[160], 卽[161]可馳進.'云

149 五石: 一石.
150 軍容(군용): 군사의 진용.
151 諾 且.
152 欣然稱之.
153 伐鼓揮旗(벌고휘기): 북을 치고 깃발을 휘두르며 행군하는 모습.
154 一齊.
155 周旋: 누락.
156 操閱(조열): 査閱. 부대의 훈련 정도, 사기 따위를 열병과 분열을 통하여 살핌.
157 醉飽 多有喜色.
158 有司: 누락.
159 都狀(도장): 連名狀. 連名으로 된 편지.

云。俄而，崔震岡·洪命基，兩人亦以軍丁十七名·長箭十五部·弓四·鳥銃五來，公喜執崔手，曰："勤幹[162]，不當如是耶?" 勉以更募赴期之意。進勸酒饌[163]，分付韓命男，厚餉羅州新到軍人。鄕儒朴尙眞，索有[164]膽力◇[165]且[166]義氣，慷慨人也。是日，義廳諸公，相議曰："吾輩倡此擧，已◇[167]五六日，而斯人尙今不至，甚可異也." 遂別請入來，語以同事◇[168]，朴沈默良久，始許諾，又許家僮十七名·米十三石[169]·太三石·刀[170]一。片成大納米二石·醬一海[171]，金魏徵納米二石·太二石。初昏，柳侯送牛酒◇[172]，夜旣深，軍人有酗酒[173]相鬩，聲聞帳中，卽令片成大査出，得犯罪者五名，決棍各七度。

---

160 小差: 少差.

161 卽: 便.

162 勤幹(근간): 부지런하고 성실함. **勤敏.**

163 **進勸酒饌: 命進酒饌待之.**

164 **有: 以.**

165 **稱.**

166 **且: 且有.**

167 **過.**

168 **意.**

169 十三石: 十石.

170 刀: 長刀.

171 海(해): 大器. 물을 담는 큰 그릇이라는 뜻으로, 곧 동이를 가리킴.

172 **于義廳.**

173 酗酒(후주): 酒酲. 술이 취하여 정신없이 마구 난잡하게 하는 말이나 짓.

12월 30일。

날이 밝아올 무렵에 군정(軍丁)을 점검하고는, 편성대(片成大)와 김위징(金魏徵)에게 이제부터 시작하여 날마다 2번씩 검열하고 종일 활쏘기를 익히도록 하였다.

능주 유사(綾州有司)가 군정 10명, 양식 8석, 콩 2석, 말 5필, 화살 13부(部), 전죽(箭竹: 화살대) 300개를 보내왔고, 또 야장(冶匠: 대장장이) 5명, 궁장(弓匠: 조궁장이) 3명, 교각(膠角: 아교 재료로 사용하는 뿔) 등을 보내왔다. 동복 유사(同福有司)는 군정 9명, 쌀 4석, 콩 3석, 활과 화살 5부(部)를 보내왔고, 광주 유사(光州有司)는 군정 15명, 쌀 9석, 장창(長槍) 6자루, 전죽(箭竹: 화살대) 700개, 말 3필을 보내왔다. 공(公)이 기뻐하며 말했다.

"여러 고을의 제공(諸公)들이 의병을 모집하는데도 매우 수고하였네."

그러자 때에 따라 실어 보내겠다는 뜻을 우리 화순현(和順縣)에 신고하였다.

친구의 집에서 모은 포목(布木) 11필이 들어왔는데, 훈련색리(訓鍊色吏)를 불러 군복이 없는 사졸(士卒)이 몇이나 되느냐고 물으니, 편성대(片成大)가 대답했다.

"각 집안의 장정 노복[奴丁]은 각 집안에서 이미 마련하여 입혔고, 관노(官奴)와 보인(保人)은 관아에서 또한 마련하여 입혔지만, 능주(綾州) 및 광주(光州)·나주(羅州)·동복(同福)·남평(南平)에서 모집하여 온 군정(軍丁)은 미처 준비하여 입히지 못했는데, 이제 14필의 모집한 포목이 있으니 마땅히 차례로 군복을 지어서 주겠습니다."

최명해(崔鳴海)가 말했다.

"오직 군복뿐만 아니라, 사졸 가운데 낡은 옷을 입고 추위에 언 자에게도 옷을 지어 주는 것이 좋겠습니다."

그 자리에 있던 사람들이 다 칭찬하자, 임시태(林時泰)가 말했다.

"큰 깃발이 없을 수가 없으니, 포목 4필을 재단하여 큰 깃발 2개를 만들고 호랑이, 표범, 독수리, 송골매와 같은 것을 그려 넣어야 합니다."

공형길(孔亨吉)이 깃대용 장죽(長竹) 5개를 보내오니, 공(公)이 조정유(曺挺有)에게 말했다.

"네가 포목 10여 필을 얻어 올 수 있겠느냐?"

조정유가 대답했다.

"우선 현재 포목이 없어서 사나흘을 기다려야 할 것입니다."

이어서 여러 사람과 함께 행군할 방략(方略)을 논의하는데, 마침 조정유가 밖에서 들어와 고하였다.

"조금 전에 들으니 장인께서도 의병을 일으켰다고 합니다."

장인은 곧 안방준(安邦俊)이다. 이에 공(公)이 탄식하여 말했다.

"이 어른의 평생을 내가 이미 익히 아노니, 의병을 일으킨 규모는 필시 볼 만한 점이 많을 것이다."

편지를 보내어 권면하였으니, 이러하다.

「나라의 존망이 조석지간(朝夕之間)에 달려 있으니, 신하 되는 자는 마땅히 피눈물 흘리며 칼날을 밟고서 만 번 죽는 것도 오히려 달게 여길 것이외다. 내가 실로 노둔하고 용렬함을 헤아리지 않고 감히 의병을 모집하여 구원하러 달려가길 도모하였더이다. 얼핏 풍문에 듣자니 존형(尊兄)도 의병을 일으켰다고 하니, 지휘권을 베풀어 시행하는 것이 어찌 보잘것없는 자와 견줄 수 있겠소? 기일을 정하여 같이 전장에 나아가길 바라오.」

즉시 종질(從姪)을 불러 말했다.

"지금 군안(軍案: 군인 명부)을 살펴보았는데, 활을 잡고 창을 쥔 자가 이미 400여 명에 이르니 곧 출발해도 좋을 것이다."

임시태(林時泰) 또한 말했다.

"국가의 위태로움이 날로 급박해지니 지체해서는 아니 되나, 이번에 모인 사람들을 돌아보면 모두 농기구나 잡던 농민들로 활을 잡는 것도 알지 못하고 말을 타는 것도 알지 못하니, 반드시 며칠 더 훈련하여 방향이라도 알기를 기다린 뒤에라야 당장 이틀 길을 하루에 갈 수 있을 것입니다."

종질(從姪)도 말했다.

"농민은 말타기에 익숙하지 못한데다 말의 숫자도 부족하니 순전히 보병으로만 쓰고, 얻은 말은 양식과 기계를 운반하는 데에만 쓰는 것이 낫습니다."

고을에서 모집한 장정(壯丁) 27명과 포목 6필을 가져왔고, 만연사(萬淵寺) 스님이 장 5동이, 마른나물 100속(束)을 바쳤다.

임시태(林時泰)가 소매 속에서 소책자(小冊子)를 꺼냈는데 바로 군사들의 약속이었다. 무릇 8조인데, 첫째, 군인은 시끄럽게 마구 날뛰지 말 것이며, 둘째, 군인은 10명씩 번갈아서 밤새도록 야간

순찰을 할 것이며, 셋째, 접전했을 때 적병이 혹여 버리고 간 물건이 있으면 칼이나 창 같은 것은 취하고 다른 물건은 취하지 말 것이며, 넷째, 북을 치면 진격하고 징을 치면 후퇴하되 끓는 물과 치솟는 불길이라도 마다하지 않고 뛰어들 것이거늘 감히 뒷걸음치는 자는 목을 벨 것이며, 다섯째, 군대 안에서 밥을 지어 먹어야 할 때는 징으로 알릴 것이니 일제히 밥을 짓고 일제히 먹을 것이되 만약 혹시라도 서로 어긋나면 취사병과 대장(隊長)을 찾아내어 곤장 5대를 칠 것이고 다시 범하는 자는 목을 벨 것이며, 여섯째, 의청(義廳)의 제원(諸員)이 비록 모두 고향 이웃의 친구일지라도 이미 군대에 들어왔으니 장수와 부하 간의 엄숙하고 공경한 예가 없을 수 없을 것이며, 일곱째, 군인 및 의청의 제원(諸員)은 모두 호패(號牌)를 차야 할 일이다. 대개 스스로 지은 조약(條約)이었다. 좌중(座中)에서 칭찬하자, 임시태(林時泰)가 겸손해하며 말했다.

"모두 옛사람이 이미 밝혀놓은 조약의 찌꺼기로 스스로 지어낸 것이 아닙니다."

편성대(片成大)를 시켜 이를 군인들에게 깨우쳐 알리도록 하였다.

三十日。

平明, 點閱[174]軍丁, 令片成大·金魏徵, 自今爲始, 日兩操閱, 終日習射。綾州有司輸送軍丁十名·糧八石·太二石·馬五匹·箭十三部·箭竹三百箇, 又送冶匠五名·弓匠三名·膠角[175]等物。同福

174 點閱(점열): 하나씩 쭉 살펴서 점검함.

175 膠角(교각): 아교 재료로 사용하는 뿔. 아교는 특히 활 제작에 많이 소요되었으

有司輸送軍丁九名·米四石·太三石·弓箭五部, 光州有司輸送軍丁十五名·米九石·長槍六柄·箭竹七百箇·馬三匹。公喜曰: "列邑諸公, 應募亦甚勤矣." 以隨時[176]輸送之意, 申告本縣[177]。親友家所募布十一匹入來, 召訓鍊色吏, 問士卒無軍服者幾何, 片成大對曰: "各宅奴丁, 自各宅已辦服, 官奴及保人, 自官亦辦服, 綾州及光羅同南募來軍, 未及備服, 今有十四匹募布, 當次第製給." 崔鳴海曰: "非但戎服, 士卒中衣弊凍寒者, 可製衣與之." 座皆稱善, 林時泰曰: "不可無大旗幟, 裁四匹布, 作二大旗, 畵以虎豹鷹隼之屬." 孔亨吉送旗竿長竹五箇, 公謂挺有, 曰: "汝可得布十餘匹[178]來." 挺有對曰: "姑無見在布, 可待二三日[179]." ◇[180] 因與諸人, 講論行軍方略, 會[181]挺有自外來, 告曰: "俄聞岳丈[182], 亦起義旅." 岳丈卽安邦俊[183]184也。公歎曰: "此老平生, 吾已習知, 擧義規模,

---

므로 이는 각 지방에 부과하는 주요 공물의 하나였다.

176 時: 得.

177 本縣: 本邑.

178 匹: 疋.

179 二三日: 三四日.

180 公曰差晩矣.

181 會: 누락.

182 岳丈(악장): 아내의 아버지. 장인을 이르던 말이다.

183 卽安邦俊: 安牛山邦俊.

184 安邦俊(안방준, 1573~1654): 본관은 竹山, 자는 士彦, 호는 牛山·隱峰·氷壺. 아버지는 安重寬이다. 安重敦에게 양자로 갔다. 朴光前·朴宗挺에게서 수학하고, 1591년 坡山에 가서 成渾의 문인이 되었다. 1592년 임진왜란이 일어나자 박광전과 함께 의병을 일으켰고, 광해군 때 李爾瞻이 그 명성을 듣고 기용하려

必多可觀." 移書勉之, 曰: 「國家存亡在於朝夕, 爲臣子者[185], 當沫血蹈刀, 萬死猶甘。弟[186]實不量駑劣, 敢募義旅, 以圖赴難。仄聞[187]尊兄亦倡義擧, 節制[188]設施, 豈與碌碌[189]者比? 幸望剋期同赴.」云云。卽召從姪, 語曰: "今考軍案, 執弓把槍者, 已至四百餘數, 便可發程." 林時泰亦曰: "國危日急, 不可遲滯, 而顧此所聚, 都是鋤耰白丁[190], 不知操弓, 不知乘馬, 必須操鍊數日, 待知方向, 然後便可倍道兼行[191]." 從姪曰: "農民不慣乘馬, 且馬數不給, ◇[192]純用步兵, 所得馬匹, 可用運糧械." 邑中募得壯丁二十七名, 布六疋[193]來, 萬淵寺僧, 納醬五海·乾菜百束。◇[194] 林時泰自袖

하였으나 거절, 1614년 보성의 북쪽 牛山에 들어가 후진을 교육하였다. 1623년 인조반정 뒤에 교유가 깊던 공신 金瑬에게 글을 보내 당쟁을 버리고 인재를 등용하여 공사의 구별을 분명히 할 것을 건의하였다. 志氣가 강확하고 절의를 숭상하여 圃隱 鄭夢周·重峯 趙憲을 가장 숭배, 이들의 호를 한자씩 빌어 자기의 호를 隱峰이라 하였다. 학문에 전념하면서 정묘·병자호란 등 국난을 당할 때마다 의병을 일으켰다.

185 **者: 누락.**

186 弟(제): 자기의 겸칭. 조수성은 1570년생이고 안방준이 1573년생인데다, 조수성의 손자 조정유가 안방준의 사위이다. 조수성이 오히려 尊丈이자 尊長인 셈이다.

187 仄聞(측문): 얼핏 풍문에 들음.

188 節制(절제): 군대의 지휘권을 말함.

189 碌碌(녹록): 하잘것없음. 보잘것없음.

190 鋤耰白丁(서우백정): 호미나 보습으로 토지를 경작하는 농민.

191 倍道兼行(배도겸행): 이틀 길을 하루에 걸음. **倍道兼進.**

192 **不如.**

193 **疋: 匹.**

194 **招致帳前 賜之酒.**

中, 出小冊子, 乃軍中約束也。凡八條[195], 一軍人, 無得喧譁奔突, 一軍人, 十名式遞番, 達夜巡更[196], 一接戰時, 賊兵或有遺棄什物, 若刀槍取之, 其他勿取, 一鼓進金[197]退, 赴湯蹈火, 敢有退步者斬, 一軍中炊飯時, 當以鑼爲令, 一齊炊飯, 一齊喫飯, 若或差池者, 查出火兵[198]及隊長, 決棍五度, 再犯者斬, 一義廳諸員, 雖皆鄉隣儕友, 旣入軍中, 則不可無將幕肅敬之禮, 一軍人及義廳諸員, 皆佩號牌[199]事。盖自草條約也。座中◇[200]稱善[201], 林辭謝曰: "皆古人糟粕[202], 非自已創出." 使片成大曉諭軍中。

정축년 1월 1일。

닭이 세 홰 울자, 공(公)이 군향색리(軍餉色吏)를 불러 분부하여 말했다.

"오늘은 다른 날과 다른 데다가 또한 행군할 기일도 머지않았으니, 병졸들을 음식 먹이는 절차가 허술해서는 안 되네. 크게 잔치를

---

195 八條(팔조): 원문에는 8조목으로 되어 있으나, 실제로는 1조목이 없는 7조목임.

196 巡更(순경): 밤에 도둑이나 화재 따위를 경계하기 위하여 돌아다님.

197 金(금): 鉦을 가리킴.

198 火兵(화병): 炊事兵. 軍中에서 밥짓을 일을 맡아 보는 군사.

199 號牌(호패): 조선 시대에 신분을 증명하기 위하여 16세 이상의 남자가 가지고 다녔던 패.

200 **傳觀一遍.**

201 **稱善: 稱善不已.**

202 糟粕(조박): 학문이나 서화 및 음악 등에서 옛사람이 다 밝혀내어 전혀 새로움이 없는 것을 비유하여 이르는 말.

베푸는 것은 마땅히 한낮에 할 것이지만, 아침 전이라도 특별히 음식을 보내는 일이 없을 수가 없다네. 또한 공장(工匠: 匠人)들이 눈을 붙이지 못한지가 이미 여러 날이 되었으니, 오늘만은 반나절이라도 일을 쉬도록 특별히 허락하고 그들 전원에게 넉넉히 먹이도록 하게."

또 좌중을 돌아보며 말했다.

"우리는 한 부대의 오합지졸로서 장차 수십만의 헤아릴 수 없는 흉적의 칼날을 막으려 할진대, 사마귀가 수레바퀴를 막아서는 것과 어찌 다르랴만, 만일 능히 한마음으로 힘을 합친다면 적병 한 명이라도 죽이고 적의 깃발 하나라도 빼앗아 하늘과 땅처럼 낳아 길러주신 임금의 은혜에 보답하기를 바랄 수 있으리니, 더구나 병기를 잡고서 죽는 것이야말로 분수에 맞는 일이네. 원일(元日: 설날)은 1년의 정월 초하루이니, 제군(諸君)들은 합석해 음주하면서 의리에 죽기로 한 맹세를 견고히 하는 것이 어떠하겠는가?"

그러자 그 자리에 있던 사람들이 다 강개한 마음으로 응낙하였다. 진시(辰時: 아침 8시 전후)에 군리(軍吏)가 와서 고하였다.

"군사들을 먹일 음식이 이미 마련되었으니, 청컨대 먼저 점검해 주십시오."

공(公) 및 제공(諸公)들이 한적하고 널찍한 곳에 나아가서는, 앉고 서고 전진하고 후퇴하는 절차를 다시 시험해 보고서 규율을 어기면 군법을 적용하겠다는 명령을 내렸다. 군정(軍丁)이 모두 대오를 반듯하게 하고 감히 소란스럽지 않았다. 류후(柳侯: 현감 柳萱)가 나와 보고 감탄하여 말했다.

“며칠 사이에 산골의 백도(白徒: 군사 훈련을 받지 않은 사람)들이 어찌 이렇듯 익혀서 능숙해졌단 말인가?”

공(公)이 말했다.

“백성들이 실로 병법을 알지 못했으나, 모두가 군색(軍色) 편성대(片成大)의 힘입니다.”

류후(柳侯)가 칭찬해 마지않으면서 편성대에게 술잔을 내리고 크게 잔치를 베풀었다.

이날 각각의 집에서 보내온 술과 떡이며 생선과 고기 등이 수십 그릇이었는데, 절반은 군리(軍吏)에게 내주어 병졸들을 먹이는 음식으로 충당하도록 하였고, 또 절반은 공장(工匠: 匠人)에게 내주어 야간에 일할 때 요기할 음식으로 쓰도록 하였다.

丁丑正月初一日。

雞三鳴, 公招軍餉色吏, 誡之曰: “今日異於他日, 且行軍之期不遠, 犒餉之節, 不可草草。大犒則當以日中, 朝前不可無別餉。且工匠[203]輩, 不得交睫者, 已至屢日, 今日半日, 特許撤役[204], 一體厚餉.” ◇[205] 且顧座中曰: “吾等欲以一隊烏合之卒, ◇[206]抗數十萬不測之[207]凶鋒, 何異螗蜋之拒轍哉? 若能一心一力, 則庶幾殺一賊, 搴一旗, 以報天地生成之澤。且執兵而死, 分內事[208]

---

203 工匠(공장): 공방에서 연장으로 물품 만드는 일을 전문으로 하는 사람.

204 撤役: 輟役.

205 色吏領命而退.

206 將.

207 之: 누락.

也。元日[209]一年之上日[210], 諸君可合席飮酒, 以堅死義之盟, 如何?" 座皆◇[211]領諾。辰時, 軍吏來告曰: "已辦餉軍之需, 請先點閱." 公及諸公, 就閒曠之地, 復試坐作進退[212]之節, 申以違律按法之令。軍丁皆依伍齊整[213], 不敢喧譁[214]。◇[215]柳侯出見, 歎曰: "數日之間, 山野白徒[216], 何若是鍊熟也?" 公曰: "民等實不知兵法, 皆軍色[217]片成大之力." 柳侯嘉歎[218], 賜成大巵酒, 大餉[219]。是日, 各家所餽酒餠魚肉數十器, 一半出給軍吏, 以充犒需, 一半出給工匠, 以爲夜役療飢之資。

1월 2일。

산산(蒜山) 아래에서 활쏘기를 익히고 있을 때, 최기종(崔起宗)과

---

208 分內事(분내사): 분수에 맞는 일.

209 元日(원일): 음력 정월 초하룻날. 설날을 달리 이르는 말이다.

210 上日(상일): 정월 초하루.

211 **慷慨.**

212 坐作進退(좌작진퇴): 군사들이 훈련할 때, 앉고 서고 나아가고 물러섬을 이르는 말.

213 齊整(제정): 정돈함. 반듯하게 함. **俯首.**

214 喧譁(훤화): 시끄럽게 떠듦.

215 主倅.

216 白徒(백도): 훈련을 받지 못해 군기가 없는 병정. 과거시험을 치르지 않고 벼슬아치가 된 사람을 일컫기도 한다.

217 **軍色: 色吏.**

218 嘉歎(가탄): 매우 칭찬함. 가상히 여기어 감탄함. **嘉歎不已.**

219 **大餉: 大餉而罷.**

임시민(林時敏)이 왔는데 임시민은 누룩 100덩이를 보내왔다. 그리고 동복(同福)과 광주(光州)의 유사(有司)들이 와서 말했다.

"이흥발(李興浡)의 격문(檄文)이 다시 도착했으니, 응답하여 스스로 가닥을 짓겠습니다."

공(公)이 말했다.

"나와 이공(李公: 이흥발)은 똑같이 나라를 위하여 목숨을 바쳐 적과 싸우는 것을 의(義)로 삼았으니, 나의 군사와 말이며 기계는 이공이 이용할 것이고, 이공의 병기와 갑옷이며 군량 또한 내가 사용할 것이네. 나는 이미 약간이나마 모집하였으나 이공은 이제야 모집하니, 제공(諸公)들은 마땅히 그에게 응답해야 할 것이네."

유사(有司)들이 모두 감탄하여 말했다.

"공(公)의 말씀은 나라를 위하고 공익에 힘쓰는 것입니다."

능주(綾州)의 쌍봉사(雙峯寺) 승려 유각(有覺) 등이 전립(戰笠) 40개, 숙마(熟麻: 누인 삼 껍질)로 꼰 큰 줄 200발, 유의(油衣: 기름옷) 5건을 가져와서 바쳤으며, 동복(同福)의 영봉사(靈鳳寺) 승려가 전립 13개, 마화(麻靴: 삼신) 50개, 갈화(葛靴: 칡신) 120개, 숙마로 꼰 큰 줄 40발을 바쳤으며, 유마사(維摩寺) 승려가 갈화 200개, 유의 3건, 쇠 30근, 종이 10속(束)을 바쳤다.

初二日。

習射於蒜山[220]下, 崔起宗·林時敏來, 時敏送麴子百圓。同福·

---

220 蒜山(산산): 전라남도 화순군 화순읍 중심에 자리한 작은 산. 花山이라고도 한다.

光州諸有司來到, 曰: "李興浡等, 檄文又到, 酬應[221]自岐." 公曰: "吾與李公, 均是爲國家死敵[222]之義, 吾之士馬器械, 李公所資, 李公之兵甲糧餉, 亦吾所用。且吾已略募, 而李公始募, 諸公當酬應於彼." 諸有司, 皆歎曰: "公言國耳公耳." 綾州雙峯僧有覺等, 來獻戰笠四十箇·熟麻[223]大索二百把, 油衣五件, ◇[224] 同福靈鳳寺憎納戰笠十三箇·麻靴五十·葛靴一百二十·熟麻大索四十把, 維摩僧納葛靴二百·油衣三件·鐵三十斤·紙十束。

1월 3일。

큰 소 1마리를 최명해(崔鳴海)의 집에서 가져왔고, 또 1마리를 임시태(林時泰)의 집에서 가져왔으며, 최 주부(崔主簿)는 쌀 5석과 장(醬) 3병을 보내왔다. 안우산(安牛山: 안방준)의 답장 편지가 왔다. 나주 유사(羅州有司)가 직접 모집한 장정 13명을 거느리고 왔으며, 임시민(林時敏)과 최기종(崔起宗)이 와서 종일 군대에 관한 일을 강론하였다.

初三日。

大牛一隻, 自崔鳴海家來, 一隻, 自林時泰家來, 崔主簿送米五石·醬三瓶。安牛山答書來, 羅州有司, 自領募丁十三名來, 林時

221 酬應(수응): 남의 요구에 응함.

222 死敵(사적): 목숨을 바쳐 적과 싸움.

223 熟麻(숙마): 잿물에 삶아서 희고 부드럽게 된 삼 껍질.

224 **光州有司辭去.**

敏·崔起宗來, 終日講軍事。

1월 4일。

날이 밝아올 무렵, 최명해(崔鳴海)가 이흥발(李興浡)의 의병 막하에서 돌아왔다. 공(公)이 자세한 내용을 물어보자, 대답했다.

"의병 일으킨 소식을 들으니 병사를 불러 모은 인원이 다만 47명뿐이며, 여러 고을에서 아직 거의(擧義)에 호응하는 자가 없어서 창의(倡義) 규모는 별로 차이가 없었는데, 여산(礪山)에서 회합하기를 진정 바라고 있었습니다."

공형길(孔亨吉)과 임시민(林時敏)이 각각 소 한 마리를 보내왔다. 오후에 여러 차례 검열하고 그쳤다.

初四日。

平明, 崔鳴海自李興浡幕中還[225]。公問其詳, ◇[226]曰: "擧義屬耳, 招募只四十七名, 列邑姑無應擧者, 倡義規模, 別無異同, 礪山相會, 固其願也."云云。孔亨吉·林時敏, 各送一牛。午後, 操閱數次而止。

1월 5일。

종일 활쏘기를 익혔다. 소 1마리를 4촌 동생 조수헌(曺守憲) 집에서 보내왔고, 또 1마리를 종질 조찬(曺燦) 집에서 보내왔다.

---

225 還: 歸.

226 對.

初五日。

習射終日。牛一隻, 自從弟守憲家來, 一隻, 自從姪燦家來[227]。

1월 6일。

진눈깨비가 많이 내렸다. 날이 밝아올 무렵에 군인의 수를 점검하고 양식과 기계 등을 거두어 정돈하니, 군정(軍丁)이 524명, 말 54필, 활 150개, 화살 380부(部), 창 85자루, 총 52자루, 화약 110근, 검 62자루, 양미(糧米) 150석 10두, 콩 50석이었다.

공이 여러 유사(有司)와 의논하여 말했다.

"병력이 출동할 기일은 며칠 뒤로 임박했는데, 군량이 현재 남아있는 것이 넉넉지 않으니 어떻게 해야겠는가?"

박상진(朴尙眞)이 말했다.

"일이 이에 이르렀으니 무엇에 매여 인색하겠습니까? 마땅히 각 집안에 모아놓은 것을 기울여서라도 군수물자에 보태야 합니다."

그 자리에 있던 사람들이 다 좋다고 하였다. 공(公)이 먼저 10석을 냈고 종질(從姪)이 10석을 냈으며, 임시태(林時泰) 7석, 최명해(崔鳴海) 7석, 4촌 동생 조수헌(曺守憲) 형제 및 종질(從姪) 조찬(曺燦) 각 7석, 박상진 7석, 공형길(孔亨吉) 4석을 냈으며, 김위징(金魏徵)과 편성대(片成大) 등이 사사로이 모아 12석을 얻었다. 공(公)이 군리(軍吏)에게 명을 내려 말했다.

---

227 牛一隻 自從弟守憲家來 一隻 自從姪燦家來: 누락.

"내일 병사들을 먹일 음식으로 술과 떡이며 밥 3가지를 쓸 것이니, 속히 준비하고 분부를 기다리도록 하라."

김위징이 사사로이 모은 말 2필이 왔고, 류후(柳侯: 현감 柳萱)가 다시 말 2필을 보내왔다. 공(公)과 제공(諸公)이 다 같이 들어가서 사례하니, 류후가 상을 차려 대접하였다.

初六日。

雨雪大降。平明, 點閱軍額[228], 收拾粮械等物, 軍丁五百[229]二十四名, 馬五十四匹[230], 弓百五十, 箭三百八十部, 槍八十五柄, 銃七十二[231], 火藥百十[232]斤, 劍六十二[233]柄, 糧米[234]百五十石[235]十斗, 太五十石[236], 公議諸有司, 日: "行兵之期, 只在數日後, 而軍糧見在者不足[237], 奈何?" 朴尙眞日: "事至於此, 有何係吝? 宜罄家儲, 助軍需[238]." 座皆稱善。公先出十石, 從姪出十石, 林時泰七石, 崔鳴海七石, 從弟守憲兄弟·從姪燦各七石[239], 朴尙眞七

228 軍額(군액): 군인의 수효.

229 五百: 四百.

230 五十四匹: 四十五匹.

231 七十二: 五十二.

232 百十: 九十.

233 六十二: 六十三.

234 糧米: 粮.

235 百五十石: 百十五石.

236 太五十石: 누락.

237 不足: 甚少.

238 軍需: 軍費.

石, 孔亨吉四石, 魏徵·成大等, 私募得十二石。◇[240] 公命軍吏, 曰: "明日犒軍, 可用酒餠飯三件物, 斯速辦備, 以待分付." ◇[241] 金魏徵私募二匹馬來[242], 柳侯復送馬二匹。公及諸公, 一齊入謝[243], 柳侯設饌相待。

1월 7일。

박상진(朴尙眞)이 장전(長箭: 긴 화살) 30부(部)를 얻어왔고, 류함(柳涵)이 말 2필을 얻어왔다. 남평 유사(南平有司) 서행(徐荇)과 능주 유사(綾州有司) 양우전(梁禹甸)이 오자, 공(公)이 말했다.

"이제 병사와 말이며 양식과 기계를 대략 준비하였으니, 지금 당장 날을 잡아 출발하세."

유사(有司)들이 모두 좋다고 응낙하자, 서행(徐荇)이 말했다.

"9일도 좋고, 11일은 더욱 좋습니다."

이에 11일을 출발하는 날로 정했다는 뜻을 군대에 두루 알렸다. 군사들의 훈련 상태를 점검하고 활쏘기를 익혔다.

初七日。

朴尙眞得長箭三十部來[244], 柳涵得馬二匹來[245]。南平有司徐荇,

---

239 從弟守憲兄弟 從姪燦各七石: 누락.

240 合一百七十三石.

241 色吏領命而退.

242 二匹馬來: 來二匹馬.

243 柳侯復送馬二匹 公及諸公 一齊入謝: 누락.

244 來: 以進.

綾州有司梁禹甸來, 公曰: "今士馬粮械略備, 便可卜日發行." 諸有司皆曰: "諾." 徐荇曰: "初九日好, 十一日尤好." 於是, 以十一日發程意, 遍告[246]軍中。閱兵習射。

1월 8일。

광주 유사(光州有司)가 말 4필, 전립(戰笠) 20개, 창 2자루, 식량 5석, 콩 3석을 보내는 것을 박사원(朴思遠)이 직접 가져왔다. 송광사(松廣寺) 승려 설명(雪鳴) 등 5명이 유의(油衣: 기름옷) 10건, 전립(戰笠) 40개, 큰 새끼줄[大索] 200발, 해의(海衣: 바닷말) 120속(束), 갈화(葛靴: 칡신) 100개를 가져와서 바치며 늦게 도착한 죄에 대해 용서를 빌어서, 이들에게 술을 하사하고 보냈다.

初八日。

光州有司送馬四匹·戰笠二十箇·槍二柄·糧五石·太三石, 朴思遠自領來。松廣僧雪鳴[247]等五名, 來獻油衣十件·戰笠四十箇·大索二百把·海衣[248]百二十束·葛靴百箇, 謝其晩到之罪, 賜酒遣之。

---

245 **馬二匹來: 來馬二匹.**

246 **遍告: 徧告.**

247 **雪鳴: 雪鶴.**

248 海衣(해의): 홍조식물 보라털과에 속한 바닷말.

1월 9일。

만연산(萬淵山) 아래에서 활쏘기와 포 쏘기를 익혔는데, 잘 쏘는 자에게 상을 차등 있게 내렸다.

初九日。

習射放砲於萬淵山下, 善者賞之有差[249]。

1월 10일。

날이 밝아올 무렵에 비가 내렸다. 종질 집에서 군사들에게 먹일 소 1마리, 술 5병을 가져왔으며, 공형길(孔亨吉)과 임시민(林時敏)이 각각 소 1마리를 보내왔으며, 4촌 동생 조수헌(曺守憲)이 술 6동이, 청어(靑魚) 30속(束)을 보내왔으며, 종질 조찬(曺燦) 집에서 술 5동이, 북어 10점, 개 2마리, 떡 5그릇을 가져왔으며, 조정유(曺挺有)가 술 5병, 대구어(大口魚) 15마리, 떡 5그릇을 가져왔으며, 임시태(林時泰) 집에서 닭 10마리, 술 2병을 가져왔으며, 류함(柳涵) 집에서 술 5병, 청어 10속을 가져왔으며, 박상진(朴尙眞) 집에서 떡 3그릇, 술 2병, 송아지 1마리를 보내왔으며, 노덕량(盧德量)과 장경흡(張慶洽)이 각각 술 2병과 개 3마리를 바쳤다. 이날 고을의 사우(士友) 및 소민(小民: 상사람)이 보내온 술과 고기며 온갖 물건들을 다 기록할 수 없다.

오후에 떡 8그릇을 최명해(崔鳴海) 집에서 보내온 것까지 다 합하

249 善者賞之有差: 누락.

여 계산하면 술 80여 병, 떡과 밥 90여 그릇, 어육(魚肉) 70여 그릇이었는데, 술 30병과 소 1마리를 창고에 두었다가 내일 출발할 때 병사를 먹이는 데 쓰라고 명하였다. 이에 편성대(片成大)가 말했다.

"군대가 출동하면 음식을 마련해가지 않으면 안 됩니다. 바라건대 소 1마리 및 닭과 개고기를 합쳐서 육장(肉醬: 조린 반찬)을 만들고자 하니 허락해 주십시오."

종질이 말했다.

"당초에 가동(家僮)의 친족들을 왕래하도록 허락하지 않은 것은 군사들의 마음을 어지럽혀 관망할까 염려해서였습니다. 오늘은 살아 헤어지고 죽어 이별하는 날입니다. 듣건대 우리 고을이나 타향에서 온 사졸(士卒)의 부모와 처자식들이 길거리를 꽉 메웠지만 서로 만나지 못하여 바라보며 우는 자가 많이 있다고 하니, 오늘만은 특별히 전별하도록 허락하소서. 이 또한 인정을 체득하게 하는 방도일 것입니다."

공(公)이 그것을 허락하고 아울러 불러들이게 하였다. 이에, 남녀들이 왁자지껄 소란스러운 데다 음식까지 흘리며 기율이 다시 없어졌기 때문에, 특별히 다른 곳에 한 차례 잔치를 베풀고 군졸에게 먹일 술과 고기를 내어주니 더러는 눈물이 흘러 차마 먹지 못하는 자도 있었다.

오후에 군사들을 크게 검열한 뒤에 먹이고서 마쳤다. 해가 저물 무렵에 만연사(萬淵寺) 승려 지환(智環)·지삼(智森) 등이 반미(飯米: 밥쌀) 20두(斗), 산채(山菜) 200속(束), 장지(壯紙: 질긴 종이) 5속, 유지(油紙: 기름종이) 2속, 마화(麻靴: 삼신) 60개를 바쳤다.

初十日。

平明雨。從姪家犒軍牛一隻·酒五甁來, 孔亨吉·林時敏, 各送牛一隻, 從弟守憲家[250]◇[251]酒六海·青魚三十束來[252], 從姪燦家酒五海·北魚十貼·狗二首·餠五器來[253], 挺有以酒五甁·大口魚十五尾·餠五器來, 林時泰家雞十首·酒二甁來, 柳涵家酒五甁[254]·青魚十束來, 朴尙眞家餠三器·酒二甁·犢[255]一隻來, 盧德量·張慶洽, 各進酒二甁·狗三首。是日, 鄕中士友及小民[256], 進酒肉什物[257]者, 不可殫記。午後, 餠八之[258]器, 自崔鳴海家來, 合計酒八十餘甁, 餠飯九十[259]餘器, 魚肉七十[260]餘器, 命置三十甁◇[261], 一隻牛於庫中, 以備明日發行之犒[262]。片成大曰: "軍中, 不可無行饌[263]。願以一牛及雞狗, 合作肉醬[264], 許之." 從姪曰: "當初, 不

250 守憲家: 守憲.

251 送.

252 來: 누락.

253 從姪燦家酒五海 北魚十貼 狗二首 餠五器來: 누락.

254 五甁: 二甁.

255 犢: 小犢.

256 小民(소민): 평민을 이르던 말.

257 什物: 누락.

258 之: 누락.

259 九十: 五十.

260 七十: 四十.

261 酒.

262 以備明日發行之犒: 以待明日發行之犒餉.

263 行饌(행찬): 여행이나 소풍을 갈 때, 집에서 마련하여 가지고 가는 음식.

許家僮親屬往來[265], 盖恐其逗撓軍情也。今日, 生離死別之日。聞[266]本邑他官[267], 士卒之父母妻子, 塡塞[268]街巷, 不能相面, 多有望泣者云, 今日則特許就餞, 此亦體情之道." 公許之, 並令召入。於是, 男女騈闐[269], 飮食淋漓[270], 無復紀律, 特於別處, 設一宴, 出給犒軍酒肉, 或有垂淚, 不肯食者。午後, 大閱餉軍而罷。晡時, 萬淵寺僧, 智環·智森等, 進飯米二十斗·山菜二百束·壯紙五束·油紙二束·痲鞾六十箇。

1월 11일.

닭이 울자마자 공(公)이 군리(軍吏)를 불러 분부하여 말했다.

"오늘 반드시 출발할 것이니, 사졸(士卒)들이 빨리 일어나 밥을 짓도록 재촉하고 창고에 두었던 술과 고기를 내어주어라."

날이 밝아올 무렵에 류후(柳侯: 현감 柳莹)가 쇠고기와 술을 가지고 와 전별하면서 친히 술잔을 잡고 공(公) 및 유사(有司)들에게 권하며 말했다.

"제공(諸公)들은 오늘 의병을 거느리고서 위급한 상황에 처한 임

---

264 肉醬(육장): 간장·고추장·된장 등에 고기를 넣고 조린 반찬.

265 **親屬往來: 親屬之往來者.**

266 **聞: 竊聞.**

267 他官(타관): 他鄕.

268 塡塞(전색): 메어서 막힘. 빈 곳을 꽉 채워 막음.

269 騈闐(병전): 수가 많음. 주위에 가득 찬 모양이다.

270 淋漓(임리): 음식물 등 뚝뚝 흘러 떨어짐.

금에게 달려가니, 살아서는 마땅히 의기(義氣)가 열렬한 장부(丈夫)가 될 것이며, 죽어서는 이름이 죽백(竹帛: 역사)에 드리워질 것이외다. 이 류훤(柳萱)도 국록(國祿)을 먹는 사람이라 사리상(事理上) 한 부대를 나누어 거느리고 항오(行伍) 사이에서 죽는 것이야말로 당연할 것이나, 돌아보건대 이처럼 우둔하고 변변치 못해 국록을 연연하고 죽음을 두려워하여 앉아서 제공(諸公)들을 전별하니 부끄럽고 부끄럽소이다."

공(公) 및 유사들이 모두 삼가 공손하게 사례하며 말했다.

"백성들이 스스로 헤아리건대 갑자기 이처럼 의병을 일으키면서 지혜도 짧고 능력도 모자라 온갖 필요한 곳에 모두 쓰지 못했거늘, 오로지 어진 현감의 보살핌에 힘입어 다행히 출발할 수 있는 기일이 되었습니다."

류후(柳侯)가 재삼 겸손해하며 사례를 받지 아니하였다.

공(公)이 마침내 군색(軍色)에게 분부하여 짐을 꾸려 실어나르도록 하자, 군색이 말했다.

"구한 말이 50필이지만, 군색리(軍色吏)가 타고 갈 말 8필을 제외하면 단지 42필이 남는데 그 속에 아마(兒馬: 길들이지 않은 망아지)가 예닐곱 마리나 있는지라 양식을 다 실을 수가 없습니다."

공(公)이 말했다.

"아마(兒馬)는 단지 활이나 화살 등만을 싣게 하면 나머지 말에 군량미를 다 실을 수 있을 것이네."

다시 50명의 장정에게 군량미를 지고 당장 출발하여 판치(板峙: 너릿재)에서 기다리도록 하였으며, 군량미 90석은 창고 안에 남겨

놓고 계속해서 올려보내기로 생각하여 류후(柳侯)에게 부탁하였다. 류후가 허락하고 다시 삼지창(三枝槍) 2자루, 영번(令幡: 지휘 깃발) 1쌍을 보내왔다.

이날 고을 사람이 찾아와서 전별한 자가 100여 명으로 감탄하고 공경하는 마음이 솟아나지 않은 이가 없었다. 공(公) 및 유사들이 일제히 말에 오르고 편성대(片成大)에게 깃발을 잡고서 선도하도록 하였다. 이때 공(公)이 종질에게 일러 말했다.

"너는 조금 더 머물렀다가 후군(後軍)을 감독하여 일제히 도착하는 것이 좋겠구나."

공과 제공(諸公)들이 말을 채찍질하여 앞서서 행군하고, 4촌 동생 조수헌(曺守憲) 및 종질 조찬(曺燦)이 군대의 항오(行伍)를 지휘하며, 아들 조욱(曺煜)은 서기(書記) 겸 자제 막료(子弟幕僚)로서 뒤를 따라 판현(板峴: 너릿재)에 이르니, 군량을 운반하는 군마(軍馬)가 이미 먼저 와 있었다. 편성대(片成大)에게 동각(銅角: 구리 나팔)을 잡고 천아성(天鵝聲)을 내도록 하니, 많은 군사가 이미 산 아래에 도착하여 계속해서 올라왔다. 일일이 점고하였더니, 군졸 한 명이 나중에 도착하였다. 곧 대장(隊長) 무진금(戊辰金)이란 이름을 지닌 자로 공(公)의 가동(家僮)이었다. 당일 술에 취하여 뒤처진 것이었는데, 공(公)이 노하여 참수하려 하였다. 제공(諸公)들이 모두 굳이 죄를 용서해 주기를 간청하자, 공(公)이 말했다.

"10리도 미처 못 와서 군대의 규율이 이미 해이해졌는데, 나의 가동(家僮)이라고 해서 그 죄를 용서한다면 어떻게 많은 군사를 호령할 수 있겠는가?"

즉시 목을 베어 조리를 돌리니 모인 군사가 모두 무서워 떨었다. 종질 조엽(曺熀)이 앞으로 나와 말했다.

"지난번 8조목의 맹세 가운데 한 조항이 빠졌습니다. 행군하는 큰길에서 군인이 혹시 민가의 물건 하나라도 가지면 반드시 군법을 쓰겠다는 것입니다."

공(公)이 "좋구나."라고 하면서 즉시 이 뜻을 군사들이 알아듣도록 일러주었다. 날이 이미 오시(午時)를 지났다. 사람과 말을 출발하도록 재촉하여 광주(光州)에 도착하니, 사인(士人)들로 찾아온 자가 40여 명이었는데 아침저녁거리의 군향(軍餉)을 스스로 충당하였다.

十一日。

雞鳴, 公招軍吏, 分付曰: "今日必發程, 促令士卒, 急起炊飯, 出給留庫酒肉." 平明, 柳侯持牛酒[271]出餞, 親自執酌, 勸公及諸有司, 曰: "諸公今日, 提挈[272]義旅, 往赴君父之急, 生當爲烈丈夫, 死可垂名於竹帛。萱則食祿之人也, 事當分領一隊, 死於行間, 而顧此鈍劣[273], 懷祿[274]畏死, 坐餞諸公, 慙愧慚愧[275]." 公及諸有司, 皆拜謝[276]曰: "民等不自度量, 猝倡此擧, 智短力綿, 百用俱掃, 專荷賢侯[277]之顧助[278], 幸當發程之期耳." 柳侯辭讓再三。公

271 **牛酒: 酒.**

272 提挈(제설): 거느림.

273 鈍劣(둔열): 굼뜨고 변변하지 못함.

274 懷祿(회록): 녹봉을 연연함.

275 **慙愧慚愧: 慙愧慙愧.**

276 拜謝(배사): 삼가 감사의 뜻을 표함.

遂分付[279]軍色, 飭其裝載[280], 軍色曰: "◇[281]所得馬五十匹, 除軍[282]色吏所騎八匹◇[283], 只有四十二匹, ◇[284]其中有兒馬[285]六七匹, 不敢載糧." 公曰: "兒馬◇[286]則但載弓箭等物, 餘可盡◇[287]載糧米." 復令五十丁負糧, 目前發程, 等待於板峙[288]上, 糧米[289]九十石留下庫中, 陸續[290]上送之意, 托於[291]柳侯。柳侯[292]許諾, 復送三枝槍二柄·令幡一雙。是日, 鄕人來餞者百餘人, 莫不咨嗟欽聳[293]。公及諸有司, 一齊上馬, 令片成大執旗先導。公謂從姪, 曰: "汝可小住[294], 監督後軍, 一齊來到." 公與諸公, 策馬先行, 從弟守憲及

---

277 賢侯(현후): 고을 수령을 아름답게 일컫는 말.

278 顧助(고조): 생각하여 주고 도와 줌.

279 **分付: 喚.**

280 裝載(장재): 짐을 꾸려 배나 수레에 실음.

281 **前後.**

282 **軍: 軍官.**

283 **外.**

284 **而.**

285 兒馬(아마): 길들이지 않은 망아지.

286 **不可負重.**

287 **輸.**

288 板峙(판치): 너릿재. 전라남도 화순군 화순읍 이십곡리 소재의 고개로, 광주광역시와 화순군의 경계에 있다.

289 **糧米: 粮.**

290 陸續(육속): 계속하여 끊이지 않음.

291 **托於: 託於.**

292 **柳侯: 누락.**

293 欽聳(흠용): 공경하는 마음이 솟구침.

從姪爍, 指揮隊伍[295], 子煜以書記兼子弟幕僚, 隨後至[296]板峴, 運糧軍馬, 已先在。令片成大執銅角, 發天鵝聲[297], 衆軍已到山下, 陸續上來。一一點考, 有一卒後到。乃隊長戊辰金爲名者, 公之家僮也。當日醉酒落後, 公怒將斬之。諸公皆固請貰罪, 公曰: "行未十里, 師律已惰, 吾以家僮, 貰其罪, 則何以令衆軍乎?" 卽斬以徇, 衆皆股慄[298]。從姪熀進曰: "向者, 八條約誓中, 獨漏一款。行軍沿路, 軍人或取民家一物, 必用軍法." 公曰: "善." 卽以此意, 曉諭軍中。日已過午時矣。催發人馬, 到光州, 士人[299]來見者四十餘人, 自當朝夕軍餉。

1월 12일。

장성부(長城府)에 도착하니, 사인(士人) 김지보(金地寶)·김남보(金南寶)·이비(李朏) 등 3인이 쇠고기와 술을 가지고 찾아왔는데, 말사료인 콩 5석과 풀 100여 속(束)을 바쳤다.

十二日。

到長城[300]府, 士人金地寶·金南寶·李朏等, 三人持牛酒來見,

---

294 小住: 少住.

295 **從弟守憲及從姪**爍 **指揮隊伍: 누락.**

296 至: 到.

297 天鵝聲(천아성): 나라에 변고가 있을 때 백성들에게 알리기 위해 부는 나팔 소리. 또는 군사를 불러 모으기 위하여 부는 긴 나팔 소리. **天鵝四五聲.**

298 股慄(고율): 두려워서 다리가 떨림.

299 士人(사인): 학식이 있되 벼슬을 하지 않은 선비.

致馬料太五石·草百餘束。

1월 13일。

노령(蘆嶺: 갈재)에 이르러 군마(軍馬)를 잠시 쉬게 하는데, 눈보라가 세차게 일어 고개 아래에서 유숙하였다.

十三日。

到蘆嶺[301], 小歇[302]軍馬, 風雪大作, 留宿嶺下。

1월 14일。

태인(泰仁)에 도착하니, 그 고을 사람 이경환(李景煥) 등이 쇠고기와 술을 가지고 찾아와서 말했다.

“궁벽한 시골의 초야(草野)에서 이처럼 장렬한 의병을 일으키리라고는 생각지도 못했습니다.”

이윽고 말 2필, 활과 화살 5부(部), 장도(長刀) 1자루를 증정하였다.

十四日。

到泰仁[303], 邑人李景煥等, 持牛酒◇[304]來見, 曰: “不意草野之中, 倡此烈烈[305]之擧.◇[306]” 因贈馬二匹·弓箭五部·長刀一柄。

---

300 長城(장성): 전라남도 고을에 위치한 고을.

301 蘆嶺(노령): 갈재. 전라남도 장성과 전라북도 정읍의 경계에 있는 고개이다.

302 **小歇: 少歇.**

303 泰仁(태인): 전라북도 정읍에 속한 고을.

304 **略干.**

305 烈烈(열렬): 공이 빛남.

1월 15일。

금구(金溝) 고을에 도착하였다.

十五日。

到金溝[307]邑內。

1월 16일。

전주부(全州府)에 이르러 서문(西門) 밖에 병사들을 머무르게 하고는, 종질 조엽(曺熀)에게 이흥발(李興浡)을 찾아가 만나 군사들을 이끌고 와서 모이자는 뜻을 고하도록 하였다. 이흥발 형제가 공(公)이 도착하였다는 소식을 듣고 허둥지둥 만나러 나왔는데, 수행 군리(隨行軍吏) 3인이 말을 군문(軍門) 밖에 멈추고 말을 전하여 왕복하기를 2차례 한 뒤에야 비로소 들어왔다. 공(公) 및 제공(諸公)들이 모두 나아가 맞아 서로 읍(揖)하고 앉자, 이공(李公: 이흥발)이 말했다.

"저희가 존공(尊公: 조수성)이 이미 의병을 일으킨 줄 미처 알지 못하고 지난달 돌린 격문(檄文) 속에 그릇되게 공(公) 및 영질(令姪: 조카 曺熀)을 유사(有司)로 기록하였는데, 최군(崔君: 최명해)의 말을 듣고서야 존공이 이미 먼저 의병 일으킨 것을 비로소 알았고, 규모를 계획하여 시행한 것도 실로 저희가 미칠 바 아니었습니다."

공(公)이 대답하여 말했다.

"저희가 선불리 이처럼 의병을 일으켰으니, 비록 어리석은 충정

---

306 **吾輩不可齒列於人類也.**

307 金溝(금구): 전라북도 김제에 속한 고을.

에 북받친 것이라 하나 아무리 생각해 보아도 사마귀가 수레바퀴를 막아서는 것보다 더 심하였었는데, 존공(尊公: 이흥발)의 격문을 받아보고서야 회맹(會盟)을 주도한 사람이 있음을 알았고 또한 저 같은 사람을 멀리하지 않는 후덕한 마음에 감격하였습니다."

이어서 임시태(林時泰)를 가리키며 말했다.

"이 사람이 공(公: 이흥발)의 격문 속에서 유사(有司)로 기록하였지만, 나와 함께 힘을 합하여 의병을 일으킨 자입니다."

그리고 행군하는 일을 서로 의논하다가 밤이 되어서야 돌아갔다.

十六日。

到全州府, 住兵西門外, 使從姪熀[308]往見李興浡, 告以提兵來會之意。李興浡兄弟, 聞公來到, 顚倒[309]來見, 從軍吏三人, 住馬[310]軍門外, 傳語往復, 二次而後, 始入來。公及諸公, 皆出迎相楫[311]而坐, 李公曰: "鄙等, 不知尊公已倡義旅, 向日[312]傳檄中, 誤以公及令姪, 付之有司, 及聞崔君之言, 始知[313]尊公已先擧義, 規模設施[314], 實非鄙等所及." 公答曰: "鄙等之率爾[315]倡此, 雖激愚

308 熀: 누락.

309 顚倒(전도): 엎어져서 넘어짐. 허둥지둥하는 모양을 일컫는 말이다.

310 住馬: 駐馬.

311 楫(즙): 揖의 오기.

312 向日: 曩日.

313 知: 覺.

314 設施(설시): 시행할 일을 계획함.

315 率爾(솔이): 신중하지 않고 소홀함.

衷, 而百爾思之, 殆甚螗蜋之抗轍, 及見尊公檄文, 始知主盟之有人, 而且感不遐之盛意.” 因指林時泰, 曰: “此乃公檄中, 所付有司, 而與我並力擧義者也.”相◇[316]論行兵之事, 至夜乃去。

1월 17일。

날이 밝아올 무렵에 공(公)과 제공(諸公)이 함께 가서 이공(李公: 이흥발)이 훈련하는 법을 참관하고 돌아왔다. 오후에 이공(李公)이 친히 쇠고기와 술을 가져와 위로하고서 군졸들의 대오가 나아가고 물러나는 절도를 보고 싶어 청하니, 공(公)과 유사(有司)들이 즉시 서평원(西平原)의 넓은 곳으로 나아가 여러 차례 훈련하였다. 이공이 감탄하여 말했다.

“두메산골의 농민들이 어떻게 이처럼 군율에 익숙하도록 훈련했단 말인가?”

공(公)이 웃으며 말했다.

“저에게 영병군관(領兵軍官)으로 편성대(片成大)와 김위징(金魏徵) 2인이 있는데, 이같이 교련시켰습니다.”

이공도 웃으며 말했다.

“성대(成大)란 이름이 대사(大事)를 이루었고, 오늘의 위징(魏徵)이 그 옛날 위징(魏徵: 鄭國公)에 못지아니하구나.”

날이 저물 무렵에 이공이 돌아갔다.

---

316 與叙話且.

十七日。

平明, 公與諸公, 往觀李公調鍊法而來。午後, 李公親持牛酒來勞[317], 請見卒伍進退之節, 公與諸有司, 卽就西原平曠處, 操習數次。李公歎曰: "峽野農民, 何其鍊熟於軍律如是[318]." 公笑曰: "吾有領兵軍官片成大·金魏徵二人, 敎之如此." 李公亦笑曰: "成大之名, 可成大事, 今之魏徵, 不讓於古之魏徵[319]." 黃昏, 李公歸。

1월 18일。

장차 출발하려 하였다. 공(公)이 종질에게 이공(李公: 이흥발)의 진영에 가서 먼저 여산(礪山)에 도착하면 군대를 주둔시키고 서로 기다리자는 뜻을 고하도록 하니, 이공이 즉시 종질과 함께 와서 대면하여 약속하고 돌아갔다.

이날 삼례역(參禮驛)에서 묵었다.

十八日。

---

317 勞: 餉.

318 如是: 누락.

319 魏徵(위징): 唐太宗을 도와 貞觀의 치세를 이룬 명신. 唐太宗은 원래 왕도정치보다는 패도를 추구한 제왕이었는데, 즉위한 이래로 멸망한 수나라를 거울삼아 文治를 숭상하면서 魏徵 등 유능한 인재들을 대거 발탁하여 허심탄회하게 간언을 따른 결과, 인구가 증가하고 경제가 번영하는 등 태평 시대를 구가하였으므로 역사상 '貞觀之治'로 일컬어지기에 이르렀다. 위징은 태종에게 전후 200여 차례에 걸쳐 상소문을 올리면서 인의에 입각한 성현의 정치를 역설하였으며, 황제가 노여워해도 안색을 변하지 않고 직간하였으므로, 그가 죽자 태종이 하나의 거울[一鑑]을 잃었다고 탄식했다는 고사가 전한다.

將發行。公使從姪焜[320]往李公營, 告以先到礪山駐兵相待意, 李公卽偕來, 面約而歸。是日, 宿參禮驛[321]。

1월 19일。

여산(礪山)에 도착해 군대를 주둔시키고 이흥발(李興浡)을 기다렸다. 이때 본도(本道: 전라도)의 감사(監司) 이시방(李時昉)이 군대를 거느리고 호서(湖西)에 있었는데, 정홍명(鄭弘溟)이 때마침 의병대장이 되어 감사와 병력을 합하였다.

공(公)이 종질과 의논하여 말했다.

"우리는 이미 수백 명의 의병을 일으켜 이곳에 당도했고 이흥발 등의 병력과 합하기로 기약하였으니, 타인들에게 통제를 받을 수는 없다."

종질 또한 말했다.

"그는 이미 원수(元帥)가 되어 감사(監司)와 일을 같이하고 있으니, 이공(李公: 이흥발)이 만약 와서 저들과 합친다면 우리는 모집한 의병을 이끌고 별도로 한 귀퉁이를 감당하면 될 뿐이니, 우선 이공이 오는 것을 보고서 방법과 계략을 결정할 일입니다."

이에 공(公)이 고개를 끄덕였다.

---

320 焜: 누락.

321 參禮驛(삼례역): 조선시대에 全州公道 全州에 위치한 屬驛. 삼례역을 중심으로 설치한 驛道인 삼례도는 41驛道 중 하나로, 전남 우도의 여산-장성, 전주-남원, 전주-순창, 함열-옥구, 함열-고부 등을 연결하는 역로를 관할하였다.

十九日。

到礪山，留待李興浡◇[322]，時本道監司李時昉，領軍在湖西，鄭弘溟時爲義兵大將，與監司合力。公與從姪議[323]曰："吾已倡數百義旅，行到此地，期與李興浡等◇[324]合力，不可受制於他人." 從姪亦曰："彼旣爲元帥，與監司同事，李公[325]若來而合於彼，則率我所募，別當一隅耳，第觀李公[326]之來，以決方略." 公頷之。

1월 20일。

여산부(礪山府)에서 머물러 있다가 첫닭이 울자, 배홍립(裵弘立)에게 본읍(本邑: 화순읍)에 내려가서 비축해 둔 군량미를 실어 오도록 재촉하였다.

이흥발(李興浡) 등의 군대가 도착하자, 공(公) 및 제공(諸公)들이 진중(陣中)에서 나가 맞았다.

二十日。

留礪山府，雞鳴，命裵弘立下去本邑，促輸來留置粮米。李興浡等兵至，公及諸公，出陣迎接。

---

322 軍.

323 議: 商議.

324 兵.

325 李公: 李等.

326 李公: 李等.

1월 21일。

날이 밝아올 무렵에 이공(李公: 이홍발)이 진군할 시기를 물으니, 공(公)이 대답하였다.

"나라의 위태로움이 매우 다급하니 진실로 마땅히 밤낮으로 달려가 적과 맞서 싸워야 할 것이나, 우리는 말이 적어 군량미를 많이 실어 오지 못한데다 출발한 지 여러 날이 되어서 남아 있는 군량미가 부족하였기 때문에 어제 군리(軍吏)를 보내어 군량미를 운송해오도록 독촉하였으니, 우선 그가 오는 것을 기다려야 진군할 수 있겠소이다."

이공(李公)이 말했다.

"우리도 또한 의청(義廳)을 설치한 지 얼마 되지 않아서 너무나 급박하게 출발하여 병장기와 식량을 제대로 갖추지 못한 것이 많소이다."

二十一日。

平明, 李公問行師之期, 公答曰: "國危甚急, 固當星夜赴敵, 而吾以馬少, 不能多輸糧米, 發程屢日, 軍糧見在者不足, 故昨送軍吏, 督運糧米, 姑待其來, 可以進兵." 李公曰: "吾亦設廳不久, 忽遽發行, 軍器糧料, 多有未備耳."

1월 22일。

아침부터 세차게 눈보라가 몰아쳤는데, 낮이 되어서야 조금 잦아들어 한 차례 검열하였다.

二十二日。

朝大雨雪, 至午小歇[327], 操閱一次。

1월 23일。

두 차례 검열하였다.

二十三日。

操閱二次。

1월 24일。

종일 활쏘기를 익혔다.

二十四日。

習射終日。

1월 25일。

오전에는 검열하였고 오후에는 군사들에게 음식을 먹였는데, 이기발(李起浡)이 와서 참관하였다.

二十五日。

午前操閱, 午後犒軍, 李公起浡來觀。

1월 26일。

오후가 되자 배홍립(裴弘立)이 본읍(本邑)에 남겨두었던 양식 90석을 실어 올라왔는데, 공(公)이 그 실어 온 상황을 물어보자, 대답

327 小歇: 少歇.

했다.

"본관(本官: 화순 현감 柳萓)께서 힘써 주선해주셨는데, 특별히 장정(壯丁)을 징발해서 이미 장성(長城)에 수송해 놓았기 때문에 그대로 가져왔을 뿐입니다."

그리고는 류후(柳侯: 현감 柳萓)의 서간을 올리니, 대개 동행한 사람의 도장(都狀: 連名狀)이었다. 마침내 편성대(片成大)를 시켜 이공(李公: 이흥발)에게 군량미가 이미 이르렀기 때문에 내일 진군하겠다는 뜻을 알리도록 하였다.

二十六日。

午後, 裵弘立輸留粮九十石上來, 公問其輸來之狀, 對曰: "自本官宣力[328], 特發民丁[329], 輸送已到長城, 故仍領來." 出呈柳侯書簡, 盖行中[330]都狀也。遂令片成大白李公, 以糧[331]既到明日進軍之意。

1월 27일。

니성(尼城: 논산)에 도착하니 날이 이미 저물어서 병사들을 니성현의 앞에 주둔시켰다.

공(公)이 문득 눈물을 흘리니, 좌우에 있던 사람들이 말했다.

---

328 宣力(선력): 힘써 주선함.

329 民丁(민정): 賦役 또는 軍役에 소집된 남자.

330 行中(행중): 동행하는 모든 사람. 길을 함께 가는 일동.

331 糧: 粮米.

"공께서는 죽는 것이 두려우십니까?"

공이 눈물을 거두고 사과하며 말했다.

"감히 그런 사람이 아닙니다. 예전에 나의 선군(先君: 曺閔中)께서 이 고을의 수령으로 계시다가 관사(官舍)에서 돌아가셨는데, 나는 외아들로서 나이가 겨우 열다섯에 관을 모시고 고향으로 돌아왔으니, 그 망극한 애통과 힘든 상황을 자세히 늘어놓을 수가 없소이다. 그런데 오늘 여기에 이르니 절로 슬픈 감회가 일어났소이다."

좌중도 다 눈물을 머금었다. 얼마 뒤에 읍리(邑吏) 박시춘(朴時春)·양백엽(楊白燁) 등이 술과 안주를 가지고 와서 아침저녁으로 말 먹이를 감당하겠다고 청하고, 활과 화살 8부(部)를 바쳤다. 이 두 아전은 니성공(尼城公: 조광중)이 부임했을 때 이방(吏房)이었던 박득화(朴得華)와 호장(戶長)이었던 양춘무(楊春茂)의 아들들이다.

二十七日。

到尼城[332], 日已黃昏, 駐兵於縣南[333]。公忽垂淚, 左右曰: "公畏死乎?" 公收涕謝曰: "非敢如是。昔吾先君[334], 爲此邑宰, 歿[335]于官, 余以獨身, 年甫成童[336], 扶櫬還鄕, 罔極之痛, 艱辛之狀,

---

332 尼城(니성): 충청남도 논산의 옛 명칭.

333 **縣南: 縣前.**

334 先君(선군): 曺閔中(1529~1584)을 가리킴. 본관은 昌寧, 자는 暢輝, 호는 樂乎堂. 아버지는 曺世明이고, 어머니는 羅州人 鄭靚의 딸이다. 장인은 光山金氏 金約이다. 曺大中의 형으로, 화순 녹구리에서 태어났다. 1567년 진사시에 합격하였으며, 1568년에 효도와 청렴으로 선공감역에 제수되었고, 이어 사헌부 지평을 역임했다. 鴻山과 尼山 두 고을의 수령을 맡았다.

335 **歿: 沒.**

不可備說。今日到此, 自然傷感.” 座皆含淚[337]。俄而, 邑吏朴時春·楊白燁等, 奉酒饌[338]來, 謁[339]當朝夕馬料, 納弓箭八部。此兩吏, 故尼城公莅官[340], 時吏房朴得華·戶長楊春茂子也。

1월 28일。

세찬 눈보라를 만나 니성현(尼城縣: 논산현)에 군사들을 그대로 머물러 두고, 이기발(李起浡)과 더불어 진군하는 일을 논의하였다.

오후가 되어서 진군하여 공주(公州) 경계에 도착하였다. 이때 충청감사(忠淸監司) 정세규(鄭世規)의 군대가 패하고 도망쳐 돌아와 있었는데, 종질 조엽(曺熀)이 평소 정공(鄭公: 정세규)과 친하여 혼자 말을 타고 달려가 만나보고는 적의 형세가 강한지 약한지를 물으니, 정공이 보고 크게 기뻐하며 말했다.

“패한 군대의 장수들이 적의 형세가 어떠한지 전혀 알지 못하고서 미처 싸워보기도 전에 스스로 무너졌으니 부끄럽고 부끄러울 뿐이네. 궁벽한 시골의 초야(草野)에서 의병을 일으켰으니, 참으로 열렬한 대장부의 일이네.”

그리고는 군사들에게 먹일 소 3마리, 쌀 20석, 활과 화살 30부(部), 총 10자루, 화약 등과 함께 수십 명의 기병들을 이끌고 와서

---

336 成童(성동): 열다섯 살 된 소년.

337 含淚: 下淚.

338 奉酒饌: 持酒饌.

339 謁: 現.

340 莅官(위관): 부임함. 관직을 맡음. 취임함.

여러 의병장을 만나보았다.

二十八日。

遇大風雪, 留軍尼城縣, 與李起浡等, 講軍事。午後進兵, 到公州界。時忠淸監司鄭世規[341], 軍敗奔還[342], 從姪焜[343], 素與鄭善, 以單騎往見, 問敵勢强弱, 鄭公[344]見之, 大喜曰: "敗軍之將, 實不知賊勢如何, 未及交兵而自潰, 慚愧慙愧。草野擧義, 眞烈丈夫事◇[345]." 與犒軍牛三隻, 米二十石, 弓箭三十部, 銃十, 火藥等物, 率數十騎來, 見義兵諸將。

1월 29일。

청주(淸州)의 서평원(西平原)에 도착하였다. 듣건대 적의 기마 유격병이 산골짜기 속에 모여 있으나 그 수가 얼마나 되는지 알 수 없다고 하니, 군사들의 마음이 흉흉하였다. 매복한 적병이 있을까 두려워하여 감히 가볍게 나아가지 못하고 험준한 곳을 의지하며 스

341 鄭世規(정세규, 1583~1661): 본관은 東萊, 자는 君則, 호는 東里. 1636년에 朝臣들의 추천을 받아 4품의 散秩에서 충청도관찰사로 특진되고, 그해 겨울 병자호란으로 왕이 남한산성에서 포위되자 근왕병을 이끌고 포위된 남한산성을 향하여 진격하다가 용인·險川에서 적의 기습으로 대패하였다. 이때의 충성심으로 패군의 죄까지 면죄 받고 전라감사·개성유수를 거쳐 공조판서에 임명되었다. 그의 출세에는 金堉의 뒷받침이 있었다고 하는데, 조선시대에 문음출신으로 육경에 오른 가장 대표적 인물이다.

342 奔還(분환): 도망쳐 돌아옴.

343 焜: 누락.

344 鄭公: 鄭.

345 也.

스로 지켰다.

이때 여러 고을에서 모집해 온 의병들이 도중에 도망가는 자들이 많은 데다 적의 세력이 함부로 날뛰니, 여러 고을의 의병장들이 모두 한곳에 모여 상의하였다. 어떤 사람이 말했다.

"까마귀 떼처럼 규율도 없고 홀로 되어 심약한 군졸들로서 함부로 흉적의 칼날을 범하다가는 곧 고깃덩이를 호랑이에게 던져주는 것과 같을 것이오. 차라리 깃발을 많이 벌여 놓고 징과 북소리를 서로 들리도록 하여 많은 병사가 있는 듯이 꾸며서 적들에게 구원군이 도착해 있는 것으로 알게 하면 감히 성에 바싹 들이닥치지 못할 것이고, 남한산성(南漢山城)에서 근왕(勤王)의 군대가 도착해 있음을 알게 하면 진(陣)을 지키는 것이 더욱 견고해지리니, 이것이 주상을 위한 계책이외다."

어떤 사람이 말했다.

"적의 기마 유격병이 벌써 이 지역의 경계에 이르렀으니, 반드시 강력한 적군이 험하고 좁은 길목을 먼저 차단하여 삼남(三南)에서 오는 구원병을 막았을 것이외다. 그래서 함부로 진격하는 것은 보탬이 되지 않으니, 차라리 진(陣)을 옮겨 험준한 요새지를 차지하고 적군의 소식을 염탐해 진군을 도모하는 것만 못하외다."

공(公)이 말했다.

"병사가 의(義)로서 일어났거늘 죽음을 무서워하여 머뭇거리는 것은 족히 비웃음거리가 되리니, 샛길을 따라 곧장 남한산성에 이르러 성첩(城堞)을 지키고 보전하는 것만 못하외다."

이공(李公: 이홍발) 등이 모두 그 의논을 따랐다.

二十九日。

到淸州西平原。聞[346]賊遊騎，聚[347]山谷中，不知多少，軍情洶洶。恐有埋伏，不敢輕進，依險自守。時列邑募兵，多道亡，且賊勢跳梁[348]，義兵諸將，皆聚一處相議。或曰："◇[349] 以烏合單弱之卒，輕犯兇鋒，便同塊肉投虎。不如多張旗幟，金鼓相聞，以爲疑兵[350]，使賊知有援兵[351]之來到，不敢逼城，使南漢[352]知有勤王師之來到，守陣益固，則此爲上計。" 或曰："賊之游騎，已至此界，則必以重兵[353]，先截隘口[354]，以遏三南[355]援兵矣。輕進無益，不如移陣據險，探聽消息，以圖進兵。" 公曰："兵以義倡，畏死逗遛[356]，足以貽笑，不如◇[357]從間直抵南漢，保守城堞[358]。" 李公等，皆從

---

346 聞：누락.

347 聚：多聚十里許.

348 跳梁：逼近.

349 吾等.

350 疑兵(의병)：적에게 아군의 군사가 많은 것처럼 보이도록 거짓으로 꾸미는 것.

351 援兵：救兵.

352 南漢(남한)：南漢山城. 남한산에 있는 산성. 조선 1595년에 쌓았고, 지금의 성벽은 광해군 때 시작하여 인조 때 여러 차례 더 쌓은 것으로, 이곳은 본디 百濟의 王都였다.

353 重兵(중병)：강력한 군대. 대군.

354 隘口(애구)：좁고 중요한 산어귀. 요충지.

355 三南(삼남)：충청도, 경상도, 전라도를 일컫는 말.

356 逗遛：逗留.

357 棄了輜重.

358 城堞(성첩)：성 위에 낮게 쌓아 놓은 담장.

其議。

1월 30일。

날이 밝아올 무렵, 각 의병진(義兵陣)에서 산골짜기 속에 있는 적의 동향을 탐지할 자를 두루 모집하였으나 응하는 자가 있지 않았다. 양만용(梁曼容)과 이기발(李起浡)이 몸을 떨쳐 일어나 가겠다고 청하자, 즉시 대여섯 명의 포수에게 뒤를 따르도록 하였다. 산에 올라가 적을 내려다보니, 적의 기마병 수백 명이 골짜기에 모여 노략질한 소와 말을 도살하여 게걸스럽게 먹고 있었다. 이기발은 자기들이 단출하고 약한 형편을 속이려 수행 포수에게 일제히 포를 쏘도록 하자, 적의 기마병이 몹시 놀라 흩어졌다가 다시 합하여 이기발을 포위하였다. 바로 황급한 상황에 맞닥뜨려 있을 무렵, 공(公)과 종질 및 노덕량(盧德量)·편성대(片成大) 등이 강한 군사 50명을 거느리고 그 뒤를 쫓아가니, 이공(李公: 이기발)이 포위되었다가 힘을 다해 돌진하는 것이 보이는지라, 양공(梁公: 양만용)과 힘을 합하여 적의 기마병을 무찔러 쫓아버리면서 적 9명의 목을 베었으며, 적들이 버리고 간 병장기를 획득하여 돌아왔다. 우리 군졸은 죽은 자가 2명이고 상처를 입은 자 또한 10여 명이었다. 제공(諸公)들이 모두 풍악을 베풀어 서로 축하하는데, 공(公)이 웃으며 말했다.

"군대가 출동한 지 20여 일 동안 이처럼 패잔병 9명을 베었을 뿐이니, 적에게 무슨 손해를 끼쳤을 것이며 나라에 무슨 도움이 되었으리오?"

이때 눈보라가 혹심해지자, 의병장들이 모두 산 아래에 있는 대촌(大村)으로 옮겨 주둔하였다. 마을 사람들이 모두 피란하여 떠나버리고 다만 빈집만 있을 뿐이었지만, 사졸(士卒)들은 모두 머물러 쉴 수 있게 되어 즐거워하였다.

三十日。

平明, 遍募各陣中, 往覘山谷中賊勢, 莫有應者。梁曼容·李起浡, 奮身請往, 卽令五六砲手隨後。登山俯賊, 賊騎數百, 聚於谷中, 以其所掠牛馬, 且宰且啗。起浡欺其單弱, 使其從者, 一齊放砲, 賊騎大駭, 散而復合, 圍住起浡。正在蒼黃之際, 公與從姪及盧德量·片成大等, 將勁卒[359]五十, 躡其後, 見李公被圍, 奮力衝進[360], 與梁公合力, 殺散賊騎, 斬首九級, 獲其所棄兵器而還。我卒死者二人, 被傷者亦十餘人。諸公皆設樂相賀, 公笑曰: "師出二十餘日, 得此零賊[361]九級, 何損於賊? 何益於國家?" 時風雪苦酷, 義兵諸將, 皆移次[362]於山下大村。村人皆避亂而去, 只是空舍, 然士卒皆樂其留息。

2월 1일。

날이 밝아올 무렵에 군사들에게 음식을 먹이고, 걸음이 빠른 자 3명을 시골 사람인 양 꾸며 먼저 가서 앞길의 상황을 탐지해오되

---

359 勁卒(경졸): 굳센 병졸. 정예병.

360 衝進(충진): 세찬 기세로 거침없이 곧장 나아감.

361 零賊(영적): 보잘것없는, 수효가 적은 도적. 패잔병.

362 移次(이차): 다른 곳으로 자리를 옮김.

그곳의 한 늙은이를 붙잡고서 도로의 멀거나 가까운 곳이 트였는지 막혔는지를 묻도록 보냈다. 그리고 사졸들에게 명하여 종일 활쏘기를 익히도록 하면서, 척후병(斥候兵)이 돌아와 보고하기를 기다렸다.

二月 初一日。

平明犒軍, 送健步者三人, 粧作野人狀, 往覘前路消息, 捕得土人一老者, 問道路遠近通塞。命士卒習射終日, 以待斥候還報。

2월 2일。

오후에 척후병이 돌아와 보고하였다.

“앞길 70리 안에는 적의 기마병을 미처 보지 못했으며, 남한산성의 소식은 과연 듣거나 알 수가 없었습니다.”

다시 달리기를 날쌔게 잘하는 자 2명을 뽑아 먼저 가 상황을 탐지하게 하고서 20리를 진군하였다.

初二日。

午後, 斥候來, 報曰: “前路七十里, 未見賊騎, 南漢消息, 果無聞知.”云云。復擇輕捷善走者二人, 往探消息, 進兵二十里。

2월 3일。

날이 밝아올 무렵 의병장들이 다시 한곳에 모여 군병을 검열하니, 각 진영(陣營)에서 도망한 자는 30여 명이었고 우리 의군(義軍)도 도중에 도망한 자가 7명이었다. 그 대장(隊將)을 조사하여 곤장 3대를 친 뒤 약속 조항을 엄중히 타일러서 경계하고는 군사들에게 음식을 먹이고 머물러 있었다.

初三日。

平明, 義兵諸將, 復會一處, 點閱軍兵, 各陣亡者三十餘名, 而我軍道亡者◇[363]七人。查其隊將, 決棍三度, 嚴申約束, 犒軍留止。

2월 4일。

닭이 울자 밥을 지어 군사들에게 먹이고 장차 행군하려 하였다. 묘시(卯時: 오전 6시 전후)에 후리(候吏: 척후 아전)가 돌아와서 아뢰었다.

"앞길의 상황은 비록 적확하게 알 수 없으나, 다만 듣건대 적병이 이미 패하여 돌아가고 대가(大駕)는 이미 경성(京城)으로 돌아갔다고 합니다."

여러 장수가 모두 믿지 못하여 말했다.

"금적(金賊: 후금 오랑캐)이 어찌 이처럼 쉽게 패할 리가 있겠는가? 이는 필시 아무 근거 없이 퍼진 말일 것이다."

마침내 다시 30리를 진군하여 청주(淸州) 부내(府內)의 가까운 곳에 주둔하니, 비로소 남한산성을 나와 강화(講和)한 소식을 들었다. 제공(諸公)들이 모두 북쪽을 향해 통곡하고 일시에 흩어져 고향으로 돌아갔다.

공(公)이 편성대(片成大) 등에게 군사들을 거느려 내려가서 군량미를 나누어 주도록 명하였고, 또 말과 기계는 각기 그 주인에게 돌려주라고 당부하였다. 홀로 종질 및 제공(諸公)들과 함께 말을 의

---

363 亦.

지하여 돌아왔는데, 15일이 되어서야 비로소 집에 도달하였다.

初四日。

雞鳴, 造飯餉軍, 將欲行兵。卯時, 候吏[364]還報曰: "前路消息, 雖未的知, 但聞賊兵已敗歸, 大駕已還京城云." 諸將皆不信, 曰: "金賊, 豈有如是易敗之理? 此必訛言[365]也." 遂更進三十里, 次淸州府內近處, 始得出城講和消息。諸公皆北向痛哭, 一時散歸。公令片成大等, 領軍下去, 散給粮米, 又囑馬匹器械, 各還其主。獨與從姪及諸公, 信馬而歸, 十五日, 始達于家。

364 候吏(후리): 적의 동정을 살피는 벼슬아치.

365 訛言(와언): 잘못 전하여진 말.

부록

오현 거의 통문

국운이 불행하여 청나라 오랑캐가 서울 가까이에 들이닥치자, 대가(大駕)는 외딴성으로 옮겨 머물게 되었습니다. 그러나 오랑캐의 군사들이 포위하여 도로가 가로막히고 끊어져 호령이 통하지 않으니, 나라가 망할지 흥할지의 기틀이 바로 호흡하는 한순간에 달려 있습니다. 말이 여기에 미침을 생각하니 오장(五臟)이 타는 듯합니다. 임금이 욕되면 신하가 죽어야 하는 것이 예나 지금이나 공통된 의리인바, 무릇 혈기를 지닌 자들은 진실로 마땅히 몸을 사리지 않고 국난에 달려가야 할 것입니다. 우리 호남은 평소 충의(忠義)의 고장으로 일컬어져 일찍이 임진왜란 때에 의열(義烈)이 이미 드러났거늘, 하물며 이렇게 임금이 포위되어있는 때임에랴.

이제 통지하여 깨우치시는 교서[通諭教書]가 포위된 속에서 나옴에 애통한 말씀이 아닌 것이 없으니, 도내(道內)의 사민(士民)들에게 책망함이 지극히 깊고도 간절합니다. 읽고 나니 저도 모르게 목 놓아 통곡하였고, 죽으려 해도 되지 않았습니다. 오직 군자들이 각기 분발하고 격려하며 소매를 떨치고 일어나 동지들을 규합하고 군량(軍糧)을 모아서 기일을 정해 여산군(礪山郡)에 일제히 모이기를 바랄 뿐입니다. 기필코 한 마음으로 적진에 달려가서 임금님의 위급함을 구원하여야 합니다. 혹시라도 망설이고 관망하거나 저 월(越)

나라 사람이 진(秦)나라의 땅이 메마름을 상관하지 않듯이 전혀 무관심하다면, 지난날 충렬(忠烈)의 기풍이 땅을 쓴 듯 다 없어지고 말 뿐만 아니라, 또한 장차 윤리와 기강에 죄를 지어 고을과 나라에 용납되지 못할 것입니다. 격서(檄書)가 도착하면 시각을 지체하지도 말고 서로 미루며 피하지도 마십시오. 마음을 합치고 힘을 하나로 뭉쳐 함께 국난을 극복하면 그보다 더 큰 다행스러움이 없을 것입니다.

숭정(崇禎) 9년(1636) 12월 25일
옥과 현감 이흥발
대동 찰방 이기발
순창 현감 최온
전 한림 양만용
전 찰방 류집

附五賢擧義通文

國運不幸, 奴賊逼京, 大駕移駐孤城。賊兵合圍, 道路阻絶, 號令不通, 存亡之機, 決於呼吸。言念及此, 五內[1]如焚。主辱臣死, 古今通義, 凡有血氣者, 固當忘身赴難。而惟我湖南, 素稱忠義之邦, 曾在壬辰, 義烈已著, 況此君父在圍之日乎? 卽者, 通諭敎書, 自圍中出來, 無非哀痛之語, 其責望於道內士民, 至深切矣。讀來, 不覺失聲痛哭, 求死而不得也。惟願諸君子, 各自奮勵, 投

---

1 五內(오내): 五臟을 가리키는 말.

袂而起, 糾合同志, 資助兵糧, 剋期齊會于礪山郡。期以一心赴敵, 以救君父之急。如或遲回[2]觀望, 越視秦瘠[3], 則非但前日忠烈之風掃地盡矣, 且將得罪於倫紀, 不容於鄕國。書到, 無淹晷刻, 無相推調[4]。協心一力, 共濟國難, 不勝幸甚。

崇禎九年 十二月 二十五日

玉果縣監 李興浡

大同察訪 李起浡

淳昌縣監 崔蘊

前翰林 梁曼容

前察訪 柳楫

---

2 遲回(지회): 머뭇거림. 망설임.

3 越視秦瘠(월시진척): 월나라 사람이 멀리 떨어져 있는 진나라 땅이 걸고 메마름을 상관하지 않듯이, 남의 일에 전혀 무관심함을 이르는 말.

4 推調(추조): 쌍방이 서로의 책임을 미루고 피함.

나주 나남간 통문[1]

오호라! 저 오랑캐 놈들이 의리가 없는 개나 양 같은 무리로 끝도 없는 탐욕을 부리고 있으니, 말로는 우호의 맹약을 꾸미고서 요구한 바는 비단을 바치라는 것이었고 호경(鎬京: 명나라 수도 북경)까지 침입하더니 우리의 강토도 깊숙이 쳐들어왔도다. 임금의 수레가 도성을 떠나 피난하였으나 한낱 외딴 성에서 나랏일이 허둥지둥하니 10행의 슬픈 교지를 내리셨도다. 북방을 돌보기에 근심이 깊으시나 이미 구준(寇準: 북송의 명재상)과 같은 정벌 계책마저 잘못되자, 날마다 남쪽에서 군사가 오기를 바라시면서 필시 안진경(顔眞卿)이 어떤 사람인지 생각하셨으리라.

지금이야말로 의사(義士)들이 피눈물을 흘리며 목숨 바칠 기회이니, 어찌 신하가 머리를 감싸 쥐고서 두려워하며 구차히 살려고 할 때이겠는가? 우리 고을을 돌아보건대 본디 충의(忠義)의 고장으로서 다 한편이 되어 바야흐로 임금을 위해 목숨을 바치리라. 머리카락이 곧추서서 방패가 되리니 군사들의 용맹이 넘칠 것이며, 눈을 부릅떠서 하늘에 그물을 칠러니 군사들의 함성이 절로 굳셀 것이로

1 이 글은《南磵集選》卷1〈文〉에〈討奴賊募義列邑檄〉으로 실려 있는바, 원문과 대조하여 그 출입 양상을 밝힘.

다. 이에 의로운 기치를 들면 당장 초목조차도 병기로 보일 것이니, 우리의 무용(武勇)을 드날릴 제 반드시 바람과 구름이 몰려와 기세를 도울 것이외다. 하물며 왕의 군대가 마치 안개가 뒤덮듯이 몰려오면, 이때 적의 형세는 저마다 의지할 곳 없이 고립되어 토끼가 굴에 갇혀 위태로워진 상황과 비슷하고 실로 솥 안의 물고기가 숨을 할딱거리는 것과 같을지니, 오랑캐의 명운(命運)이 그 어찌 능히 길 수 있으리오? 저들이 파죽지세로 쳐들어와 창자를 밟더라도 군대가 침략에 대응하는 경우는 반드시 이긴다고 하였소이다. 이야말로 밭에 날아온 새를 잡는 격이라서 이 새를 잡고자 이달 6일에 의병을 거느리고 먼저 길을 출발하니, 삼가 바라건대 여러 고을의 군자들은 옷을 찢어 발을 싸맬지언정 먼 길을 가는 수고를 아끼지 않는 뜻을 함께 떨쳐 전장에서 목숨 바치려는 마음을 더욱 가다듬고 싸우다가 살해될지라도 앞장서서 종군할 것이지 혹여 나중에 이르러 기회를 보며 칼을 갈지 말지어다. 기약 없이도 모인다고 하니 마땅히 곧바로 앞서 떠날 것인데, 진평(陳平)이 백등산(白登山)에서의 포위를 스스로 푼 계책은 기대하지 말고, 풍봉세(馮奉世)가 반란을 꾀한 사거(沙車: 莎車의 오기) 국왕의 수급(首級)을 전한 것보다 더 위엄이 있어야 할지로다. 의기(義氣)가 없는 사람이 되기보다는 차라리 죽어 백사장의 귀신이 되는 것이 나을 것이다. 글로 뜻을 다 적지 못하였지만, 격문이 도착하거든 글대로 행하라.

숭정 10년(1637) 1월 2일 묘시

전 별좌 나해봉이 이름 적고 봉함.

【**협주**: 삼가 살피건대 호남창의록의 구서(舊序)는 미음(渼陰) 김원행

(金元行)이 지은 것으로 이르기를, "지난해 호남의 유생(儒生) 몇 사람이 '병자창의록(丙子倡義錄)'을 가지고 나를 찾아와서 보여주며 말하기를, '이 거사(擧事)는 우리 고장의 원로들이 때때로 말씀하시던 것이네. 돌아보건대 도움을 받을 만한 문건들이 없었으나 근래 어떤 사람의 집에 있던 묵은 종이 더미 속에서 그 당시에 오갔던 공문서들을 발견하였는데, 관인(官印)을 찍고 서명한 것이 금방 한 것 같고 남은 발자취가 빛나니, 그대는 헤아려주기 바라네.' 하였다." 라고 하였으며, 그 뒤 성담(性潭) 송환기(宋煥箕)의 서문에 이르기를, "예를 들자면 그 중의 몇 분은 천계(天啓) 병인년(1626)에 성균관 유생으로서 오랑캐 사신의 목을 베기를 청하여 우뚝이 당시 사람들에 의해 옳은 일로 여겨진 것인데, 돌아보건대 어찌 그렇지가 않았으랴?"라고 하고 또 이르기를, "창의록 중에 덧붙여 보탠 것은 모두 어떤 사람의 집에 있던 묵은 종이 더미 속에서 나온 것인데, 창의 당시의 서명이 있는 공문서들을 얻은 것은 구편을 편찬할 때에 고증하여 믿었던 것과 영락없이 같았으나, 또한 참봉 조수성(曺守誠)의 일기 가운데서 조사하여 식별할만한 것을 얻기도 하였다. 조수성이 처음에는 화순(和順)에서 의병을 일으키고서 오현(五賢)들과 합세하여 의병을 일으켰는데, 제공들에 의해 기리어 칭송되는 바가 많았다."라고 하였다.

羅州羅南磵[2]【海鳳】通文

2 南磵(남간): 羅海鳳(1584~1638)의 호.

◇[3] 嗚呼! 彼虜賊無義犬羊, 有慾溪壑[4], 辭假盟好, 所要者幣繒, 侵及鎬京[5], 深入吾土地。鑾輿[6]播越[7], 一片孤城, 國事蒼黃, 十行哀旨, 憂深北顧, 旣失寇準[8]之伐謀, 日望南軍, 必念眞卿[9]之何狀? 此義士泣血捐軀[10]之會, 豈臣子奉頭[11]偸命之時? 顧弊州[12], 素是忠義之鄕, 咸左袒[13]方效長上之死[14]。植髮[15]成干櫓[16], 士勇有

---

3 **前行承議郎禁火司別座羅海鳳 謹馳告于列邑諸君子: 누락.**

4 慾溪壑(욕계학): 溪壑之慾. 끝도 없는 탐욕을 부린다는 말. 《國語》의 "谿壑을 채울 수는 있을망정 이 욕심은 채울 수 없다.(谿壑可盈, 是不可充.)."라고 한 데서 나온 말이다.

5 鎬京(호경): 중국 周나라의 도읍지. 주나라 武王이 도읍하여 東遷할 때까지의 왕도였다. 여기서는 명나라 수도 북경을 가리킨다.

6 鑾輿(난여): 임금의 수레.

7 播越(파월): 임금이 난을 피하기 위해 도성을 떠나 다른 곳으로 피란함.

8 寇準(구준): 북송 太宗 때의 재상. 거란이 송나라 군사를 潞州에서 패배시키고 澶淵으로 침입했을 때, 구준이 임금에게 親征할 것을 청하여 高瓊이 衛士를 거느리고 河水를 건너가니, 원근에서 御駕의 일산을 바라보고 뛰면서 만세를 부르는 소리가 수십 리에 들리자, 거란이 기가 꺾여 마침내 和議를 이루고 물러갔다. 뒤에 王欽若이 그를 태종에게 모함하기를, 폐하에게 위험한 친정을 권한 것은 곧 폐하를 노름판의 막돈[孤注]으로 삼은 것이라 하였다.

9 眞卿(진경): 顔眞卿. 唐나라 玄宗 때의 名臣. 平原太守로 있으면서 安祿山이 배반할 것을 알고서 미리 대비하여 안록산의 군대를 토벌하는 데 공을 세웠다.

10 捐軀(연구): 의를 위하여 몸을 버림.

11 奉頭(봉두): 머리를 싸매고 두려워하는 모양.

12 弊州(폐주): 우리 고을을 낮추어 일컫는 말

13 左袒(좌단): 웃옷의 왼쪽 소매를 걷어 올려 어느 한쪽의 편을 들어 따름을 표시함.

14 **咸左袒方效長上之死: 爭效死上之忱 咸切敵愾之願.**

15 植髮(식발): 분노로 머리카락이 곤두섬. 植은 直과 통한다.

16 干櫓(간로): 작은 방패와 큰 방패를 아울러 일컫는 말.

餘, 張目帀天羅, 軍聲自壯, 義旗爰擧, 立見草木之爲兵, 我武惟揚[17], 必致風雲[18]之助氣。矧王師霧合坌集[19], 玆賊勢浮寄孤懸[20], 殆穴兎之阽危, 實鼎魚[21]之假息, 胡命其能久[22]? 當破竹而履腸, 兵應者必勝[23]。此田禽[24]之利, 執玆於今月初六日, 率義旅啓途[25], 伏願列邑諸君子, 共奮裂裳[26]之志, 益勵死綏[27]之心, 爭齒劒[28]投

---

17 我武惟揚(아무유양): 우리의 무용을 떨침. 《書經》〈泰誓中〉에 나오는 구절이다.

18 風雲(풍운): 바람과 구름. 《周易》〈乾卦·九五·文言〉의 "구름은 용을 따르고 바람은 범을 따른다.(雲從龍, 風從虎.)"라는 말을 염두에 둔 표현이다. 훌륭한 군주와 신하의 만남을 뜻한다.

19 坌集(분집): 무더기로 모여듦.

20 浮寄孤懸(부기고현): 의탁할 곳 없이 외로움을 이르는 말.

21 鼎魚(정어): 솥 안의 물고기. 杜甫의 〈喜聞官軍已臨賊境〉 시에 "솥 안의 물고기 아직 숨을 할딱거리고 있지만, 굴 안에 든 개미가 어디로 도망갈 텐가.(鼎魚猶假息, 穴蟻欲何逃.)"라고 한 데서 온 말이다.

22 胡命其能久(호명기능구): 杜甫의 〈北征〉에 "화는 바뀌어 오랑캐가 패망할 해이고, 세를 이루어 역적을 물리쳐야 할 달이네. 오랑캐의 명이 어찌 길 수 있으며, 황제의 기강이 어찌 끊어질 수 있으리.(禍轉亡胡歲, 勢成擒胡月. 胡命其能久, 皇綱未宜絶.)라는 구절에서 나오는 말.

23 兵應者必勝(병응자필승): 《漢書》 권74 〈魏相傳〉의 "적이 우리를 공격해서 어쩔 수 없이 대응하는 군대를 응병이라고 하는데, 군대가 응전하는 경우에는 승리하게 되어 있다.(敵加於己, 不得已而起者, 謂之應兵, 兵應者勝.)"에서 나오는 말. 應兵은 用兵의 5가지 경우 중의 하나로, 적군의 공격을 기다려서 응전하는 군대를 말한다.

24 田禽(전금): 《周易》〈師卦〉의 "새가 밭에 와서 곡식을 먹으면 잡아도 된다."라고 한 데서 나오는 말.

25 **途: 道.** 啓途는 처음으로 길을 개척한다는 뜻이다.

26 裂裳(열상): 裂裳裹足. 발이 부르트고 물집이 생기거나 군살이 박혔을 때에 옷을 찢어 발을 감싸고 달려간다는 뜻. 먼 길을 가는 수고를 아끼지 않는다는 말이다.

27 死綏(사수): 전장에서 죽음.

袂而從, 毋或後至趑滓刃。不期而會[29], 宜卽前行, 計無待於陳平[30]白登之圍自解[31], 威有加於奉世[32]沙車[33]之首可傳。與其爲無義氣之人, 曷若作死沙場之鬼? 書不盡意, 檄到如章。

崇禎十年 正月初二日卯時

前別座羅海鳳【單緘】

【謹按湖南倡義錄舊序, 金渼陰[34]元行所製也, 有曰: "往歲湖南

---

28 齒劍(치검): 살해됨. 자살함.

29 不期而會(불기이회): 《史記》 권4 〈周本紀〉에, 周武王이 殷紂王을 치려고 할 즈음에 "제후로서 기약을 하지 않고도 맹진에 모인 자들이 8백 명의 제후였다.(諸侯不期而會盟津者, 八百諸侯.)"라고 한 데서 나온 말.

30 陳平(진평): 중국 前漢의 정치가. 처음에는 항우를 따랐으나, 후에 유방을 섬겨 한나라 통일에 공을 세웠다. 좌승상이 되어 周勃과 함께 呂氏의 난을 평정하여 漢室 부흥에 공을 이루었다.

31 陳平白登之圍自解(진평백등지위자해): 漢高祖 劉邦이 직접 군대를 인솔하고 匈奴의 冒頓 單于를 치기 위해 출정했다가 平城 부근의 白登山에서 7일 동안이나 흉노의 30만 대군에게 포위를 당한 뒤, 이때 모사 陳平의 말을 좇아 美人計를 써서 간신히 위기를 모면했던 고사를 가리킴.

32 奉世(봉세): 馮奉世. 漢宣帝 때 관료. 西域에 사신으로 갔다가 莎車國이 한나라를 배반하자 황제의 명을 사칭해 군대를 동원하여 서역 지방을 평정한 인물이다.

33 沙車(사거): 莎車의 오기. 타클라마칸(Taklamakan) 사막의 서쪽, 지금의 莎車 지역에 있던 고대 국가.

34 渼陰(미음): 金元行(1702~1772)의 호. 본관은 安東, 자는 伯春, 호는 渼湖·雲樓. 1719년 진사가 되었다. 1722년 종조부 金昌集이 노론 4대신의 한 사람으로 賜死되고 온 집안이 귀양을 가게 되자 어머니의 配所에 따라갔다. 그곳에서 李珥·宋時烈의 저서를 탐독하였다. 1725년 조부 김창협과 아버지 金崇謙이 伸冤되었으나 과거를 포기하고 고향에서 학문에만 열중하였다. 생부는 金濟謙이다. 1740년 內侍教官을 제수받고 1750년 衛率·宗簿寺主簿, 1751년 翊贊·持平, 1754년 書筵官 등에 임명되었으나 모두 사퇴하였다. 1759년 王世孫(正祖)이 책봉되자 세손의 교육을 위하여 영조가 그를 불러들였으나 상소를 올려 사퇴하

儒士數人, 以丙子倡義錄, 來授余, 曰: '是擧也, 吾邦之遺老, 往往能言之。姑無文字可藉, 近從人家故紙中, 得其時往來公帖, 印署如新, 遺跡爛然, 願君子圖之.'云." 其後宋性潭[35]煥箕序, 有曰: "若其數公之當天啓丙寅[36], 以泮儒, 請斬虜价[37], 卓然爲一世所韙者, 顧豈不然?" 又曰: "錄中所附者, 皆從人家故紙中, 得其印署公帖, 一似舊編時所徵信, 而亦得攷識[38]於參奉曺公守誠日記中。盖曺公始倡於和順而與五賢合擧, 甚爲諸公所推許[39]矣."云。

고 응하지 않았다. 1761년 工曹參議·成均館祭酒·世孫諭善에 임명되었으나 역시 사양하였다. 문집에《渼湖集》이 있다.

35 性潭(성담): 宋煥箕(1728~1807)의 호. 본관은 恩津, 자는 子東, 호는 心齋. 宋時烈의 5대손이며, 宋寅相의 아들이다. 외조부는 안동권씨 權塾이고, 처부는 창녕성씨 成道凝이다. 1762년 생원시에 합격하였다. 1799년 司䆃寺主簿가 되고, 사헌부지평·사헌부장령·軍資監正을 거쳐 진산군수가 되었으나 병을 핑계로 사직하였다. 1807년 형조참의·예조참판에 올랐다.

36 天啓丙寅(천계병인): 仁祖 4년 1626년.

37 虜价(노개): 오랑캐 사신.

38 攷識(고식): 査考識別. 고증하여 분별함.

39 推許(추허): 받들어 칭찬함.

참고자료

호남병자창의록 서[1]

지난 선조(宣祖)와 인조(仁祖) 때 40여 년에 걸쳐 나라가 여러 번 국난을 겪었는데, 호남의 선비들은 그때마다 피눈물을 흘리며 창검을 휘둘러서 종묘사직을 보위하였다. 임진년(1592) 국난이 있을 때는 건재(健齋) 김천일(金千鎰)과 제봉(霽峰) 고경명(高敬命) 같은 사람들이 의병의 명성을 진실로 이미 천하에 떨쳤다. 갑자년(1624) 이괄(李适)의 난 때는 또 신유일(辛惟一) 등 여러 사람이 군사를 일으켜 반역자를 토벌하기로 모의하고 병사를 또 일으켰으나 난이 평정되었음을 듣고 그만두었음에도, 사람들은 지금까지도 그것을 칭송하고 있다. 유독 병자호란에 이르러서는 그 변란이 더욱 극심하였다. 그런데도 칭송하는 것을 듣지 못하였으니 어째서인가? 어찌 산천의 기운이 사람들에게 모인 것이 예전만 같지 않았겠는가? 장차 하늘과 땅이 온통 뒤집히려 하자, 사람들의 힘이 하찮아서 어찌할 줄 몰라 그랬던 것인가? 나는 일찍이 개탄하지 않은 적이 없었다.

지난해 호남의 유생(儒生) 몇 사람이 '병자창의록(丙子倡義錄)'을 가지고 나를 찾아와서 보여주며 말하기를, "이 거사(擧事)는 우리

---

1 이 서문은 《渼湖集》 권13에 수록되어 있기도 한데, 『호남병자창의록』(신해진 역주, 박기상·이덕양 편찬, 태학사, 2013)의 19~25면을 재수록한 것이다.

고장의 원로들이 때때로 말씀하시던 것이네. 돌아보건대 도움을 받을 만한 문건들이 없었으나 근래 어떤 사람의 집에 있던 묵은 종이 더미 속에서 그 당시에 오갔던 공문서들을 발견하였는데, 관인(官印)을 찍고 서명한 것이 금방 한 것 같았고 남은 발자취가 빛났다네. 이것마저 다시 사라지게 하는 것은 옳지 못하니, 그대는 헤아려 주기 바라네." 하였다. 아, 나는 참으로 의심했었다. 정말 이런 일이 있을 수 있단 말인가?

대개 그때 오랑캐 기병들이 갑작스럽게 도성(都城) 가까이 들이닥치자 대가(大駕)가 남한산성으로 피란해 들어갔다가, 오랑캐의 포위 속에서 애통한 조서(詔書)를 반포하여 사방의 군사들이 들어와 구원하도록 징발하였다. 이에 옥과 현감(玉果縣監) 이흥발(李興浡)과 그의 동생 찰방(察訪) 이기발(李起浡), 순창 현감(淳昌縣監) 최온(崔蘊), 전 한림(前翰林) 양만용(梁曼容), 전 찰방(前察訪) 류집(柳楫) 등이 어명을 듣고 비분강개하여 그 자리에서 격문(檄文)을 지어 여러 고을에 보내고 동지들을 규합하였는데, 십여 일 만에 바람처럼 달려오고 구름처럼 모여들어 의병 수백 명이 되자, 밤낮으로 의병들을 달리게 하여 청주(清州)에 이르렀으나, 오랑캐와 화의(和議)가 이루어지고 말았다. 끝내 서로 통곡하고 해산하였다.

아, 이 몇 분들은 모두 직책이 낮고 한미하였으며, 나머지 사람들은 대부분 벼슬이 없는 선비들로 미천하였을 뿐이었다. 하루아침에 갑자기 다만 충의로써 서로 격려하며 수백 명의 오합지졸(烏合之卒)을 이끌고서 매우 흉악하고 강포한 오랑캐 속으로 뛰어들었는데, 오랑캐들의 힘이 강한지 약한지는 헤아리지도 않고 오직 임금이 위급한 처지를 당하여 죽을 것만 알아 서슬 퍼런 칼날이 난무하는 곳으로 가기를 말 달리듯 하였다. 그 의병을 해산하는 날에 이르러서는 혹은 깊은 산속으로 들어가기도 하고 혹은 초야에 은둔하기도 하여 대부분 죽을 때까지 나오지 않았으니, 대개 옛날 노중련(魯仲連)이 동해에 뛰어들어 죽을지언정 그 백성이 되지 않겠다는 유풍(遺風)이 있었다.

지금 이공(李公: 이흥발)이 지은 몇 편의 시를 읽으니, 명나라를 걱정하는 마음에 울분이 격렬하여 저 《시경》의 〈비풍(匪風)〉과 〈하천(下泉)〉에 남겨진 쇠망의 한이 있었는데, 그 뜻을 미루어 보면 곧 일월과 더불어 빛을 겨루어도 될 만했다. 비록 드높고 큰 공적을 당시에 이루지 못했을망정 그 의리가 우뚝함은 또한 천하 후세의 사람들에게 드러내기에 충분하다 할 것이니, 어찌 위대한 일이 아닌가.

공(公)이 살던 시대에 우재(尤齋) 송시열(宋時烈) 선생이 있어서 대의를 드러내어 밝혔으니, 나의 선조 문정공(文正公: 김상헌의 시호) 및 삼학사(三學士: 홍익한, 윤집, 오달제) 등과 같은 현인들이 상세하였다. 미천한 포수(砲手)나 서리(胥吏)들도 모두 대의를 위해 특별히 씌었다. 그러나 공(公)들의 이름은 그들 사이에도 보이지 않았으니, 어찌 의병이 오래지 않아 해산되었다고 사적(事蹟)이 곧 빛을 잃고 말아 능히 고할 것이 없겠는가? 그렇지 않으니 공(公)들이 이룩한 것이 저와 같은데도 유독 그 필법을 아낀 것은, 나는 이런 이치가 없는 것으로 알고 있다. 비록 그렇더라도 지금으로부터 병자년(1636)이 점점 오래되어 천하가 다시는 황조(皇朝: 명나라)가 있었음을 알지 못하고 있다. 그렇다면 이 창의록은 비록 불행하게도 우옹(尤翁: 송시열의 호)의 시대에는 나오지 않았으나 또한 다행스럽게도 이때에 나온 것은 마치 캄캄한 기나긴 밤에 동방의 별 하나가 아직도 하늘에서 빛나고 있는 격이니, 이것이 어찌 우연히 그렇게 된 것이겠는가?

나는 이미 공(公)들의 기풍 열렬함이 어제만 같음을 느꼈는데, 숭정(崇禎) 때의 갑신년(1644)이 마침 세 번째가 되었다. 삼가 고금을 회상하고 눈물을 흘리며 책에 쓰노니, 아! 그분들도 나의 뜻을 아시려는가.

숭정 137년(1764) 12월 13일

안동 김원행이 삼가 서문을 쓰다.

湖南丙子倡義錄序

昔當宣·仁之世, 上下四十年間, 國家累經大難, 湖南之士, 輒沬血[2]奮戈, 以衛社稷。其在壬辰, 如金健齋[3]·高霽峰[4]之倫, 其義

2 沬血(말혈): 피눈물을 흘리며 죽음을 무릅쓰고 적과 싸우려는 마음. 前漢 때 李陵이 匈奴에게 포위되어 많은 군대가 죽고 화살도 다 떨어지자 피눈물을 흘리며 적진으로 들어가 사투한 고사에 근거한 것이다.

3 健齋(건재): 金千鎰(1537~1593)의 호. 본관은 彦陽, 자는 士重, 나주 출신이다. 임진왜란 때 高敬命, 朴光玉, 崔慶會 등에게 의병을 일으킬 것을 촉구하는 글을 보냈고, 호남에서 가장 이른 1592년 5월 6일 나주에서 의병을 일으켰다. 수원의 禿城山城에서 유격활동을 하다가, 강화도에서 관군과 함께 전투 준비를 하였는데, 장례원판결사의 벼슬과 倡義使라는 군호를 받았다. 양화도 전투, 仙遊峰 및 沙峴 전투, 행주산성 전투 등에 참가하여 공을 세웠다. 1593년 명과 일본 간에 강화가 제기되었을 때 이를 반대했다. 그해 6월 2차 진주성 전투에서 경상우병사 최경회와 충청병사 黃進 등과 함께 항전했으나, 10만에 달하는 적군

聲固已聞於天下。甲子适[5]變, 又有辛公惟一[6]諸人, 謀興師討叛, 兵且發, 聞賊平而止, 然人猶至今誦之。獨至丙子虜亂, 其變尤極矣。而無聞焉何也? 豈山川之鍾於人者不如古歟? 將天地翻覆, 區區人力, 有不自容而然歟? 余未嘗不慨然。

往歲湖南儒士數人, 以丙子倡義錄, 來授余曰 : "是擧也, 吾邦之遺老, 往往能言之。顧無文字可藉, 近從人家古紙中, 得其時往來公帖[7], 印署如新, 遺蹟爛然。此不可使之復泯, 願吾子圖

의 공세로 성이 함락되자 아들 金象乾과 함께 남강에 투신해 자살했다.

4 霽峰(제봉): 高敬命(1533~1592)의 호. 본관은 長興, 자는 而順, 호는 苔軒. 임진왜란이 일어나 서울이 함락되고 왕이 의주로 파천했다는 소식을 전해들은 그는 각처에서 도망쳐 온 官軍을 모았다. 두 아들 高從厚와 高因厚로 하여금 이들을 인솔, 수원에서 왜적과 항전하고 있던 廣州牧使 丁允佑에게 인계하도록 했다. 전라좌도 의병대장에 추대된 그는 종사관에 柳彭老·安瑛·楊大樸, 募糧有司에 崔尙重·楊士衡·楊希迪을 각각 임명했다. 그러나 錦山전투에서 패하였는데, 후퇴하여 다시 전세를 가다듬어 후일을 기약하자는 주위의 종용을 뿌리치고 "패전장으로 죽음이 있을 뿐이다."고 하며 물밀듯이 밀려오는 왜적과 대항해 싸우다가 아들 고인후와 유팽로·안영 등과 더불어 순절했다.

5 适(괄): 李适(1587~1624). 본관은 固城, 자는 白圭. 선조 때에 형조 좌랑·泰安郡守를 역임, 1622년 함북병마절도사가 되어 부임하기 직전 仁祖反正에 가담하여 이듬해 거사일의 작전 지휘를 맡아 반정을 성공케 했다. 이해 후금과의 마찰로 변방에서 분쟁이 잦자 평안도병마절도사 겸 副元帥로 발탁되어 寧邊에 出鎭하여 城柵을 쌓고 군사훈련을 실시하는 등 국경 경비에 힘썼으며, 이어 靖社功臣 2등에 책록되었다. 1624년에 반란을 일으켰다가 실패하고 참형되었다. 그의 반란은 뒤에 정묘호란의 한 원인이 되었다.

6 辛公惟一(신공유일): 辛惟一(1569~1632). 본관은 寧越, 자는 執中, 호는石渚. 靈光 출신이다. 1613년 사마시에 합격하였다. 정묘호란 때 호소사 김장생을 받들고 靈光召募都有司가 되어 兵粮을 모집해 全州에 이르러 和議가 이루어짐을 듣고 돌아왔다.

7 公帖(공첩): 공문서.

之." 噫! 余固疑之。信有是哉?

蓋其時虜騎驟薄王城, 車駕入南漢, 自圍中下哀詔[8], 徵四方兵入救。於是, 玉果縣監李公興浡[9], 其弟察訪起浡[10], 淳昌縣監崔公蘊[11], 前翰林梁公曼容[12], 前察訪柳公楫[13], 聞命悲憤, 立草檄,

---

8 哀詔(애조): 哀痛敎書. 국난이 위급할 때를 당하여 임금이 자기의 죄를 뉘우쳐서 애통한 말로 국민에게 호소하는 교서.

9 李公興浡(이공흥발): 李興浡(1600~1673). 본관은 韓山, 자는 悠然, 호는 雲巖. 1624년 생원시에 합격하고, 1628년 별시문과에 을과로 급제하였다. 執義에까지 올랐으나 1636년 청나라 사신이 와서 화친을 청하자, 척화를 주장하는 상소를 올린 뒤 1637년 벼슬을 버리고 전남 영암에 돌아가 명나라를 위하여 절개를 지키며 학문을 닦았다.

10 起浡(기발): 李起浡(1602~1662). 본관은 韓山, 자는 沛然, 호는 西歸. 1624년 생원시에 합격하고 1627년 식년시에 급제하여 弼善이 되었다. 병자호란으로 남산산성이 포위되자, 형 이흥발, 군사 崔蘊 등과 근왕병을 모집하여 淸州를 거쳐 서울에 진격할 때 和約이 성립되어 全州로 돌아가 만년을 보냈다.

11 崔公蘊(최공온): 崔蘊(1583~1659). 본관은 朔寧, 자는 輝叔, 호는 砭齋. 1624년 李适의 난과 1636년 병자호란 때 의병을 일으켰다. 1649년 司業이 되었으나 사직하고, 1653년 世子侍講院進善·司憲府掌令을 거쳐 同副承旨에 이르렀다.

12 梁公曼容(양공만용): 梁曼容(1598~1651). 본관은 濟州, 자는 長卿, 호는 梧齋. 1633년 생원과·진사과·대과를 한꺼번에 치러 급제하는 連貫三場을 통과하였다. 이듬해 시강원설서와 검열을 거쳐 1636년 봉교를 지냈다. 그해 병자호란이 일어나자 광주지방에서 의병을 일으켜 서울을 향해 진격하던 중 인조가 남한산성에서 나와 항복했다는 소식을 듣고는 돌아갔다. 지제교 등을 역임한 후에 1643년 수찬을 지냈다. 이듬해 沈器遠의 옥사 이후 寧國原從功臣 2등에 녹훈되었다.

13 柳公楫(류공집): 柳楫(1585~1651). 본관은 文化, 자는 用汝, 호는 白石. 인조반정 후 김장생의 천거로 槃樹察訪에 제수되었고, 1627년 정묘호란 때에는 兩湖號召使 김장생의 막하에서 의병모집에 많은 활약을 하였다. 그 뒤 고향에 은거하여 학문연구와 후진양성에 전념하다가 1630년 다시 의금부도사에 제수되었고, 1636년 麒麟察訪, 이듬해 왕자사부에 제수되었으나 병으로 인하여 모두 사

傳告列郡, 號召同志, 十數日中, 風馳雲合, 得兵累百人, 日夜趣兵至淸州, 而和事成矣。遂相嚮痛哭而散。

嗟乎! 此數公者, 皆職卑責微, 其餘則多布衣疎賤耳。一朝倉卒, 徒以忠義相感激, 提數百烏合之卒, 犯百萬[14]不測之强虜, 不計其力之强弱, 惟知死於君父之爲急, 赴白刃如鶩。及其兵罷之日, 或入深山, 或遯荒野, 多終身不出, 盖有昔人蹈海之風[15]。

今讀李公所爲數詩, 係心天朝, 感憤激烈, 有匪風下泉[16]之遺音, 推其志, 卽與日月爭光可也。雖功烈不得遂于一時, 其秉義卓然[17], 亦足暴於天下後世矣, 詎不偉哉? 當公之世, 有尤齋[18]宋先生, 表章大義, 如吾祖文正公[19]及三學士[20]諸賢詳矣。至於砲手

양하였다.

14 百萬(백만): 구체적인 숫자가 아니라 '정도가 심하다'는 말.

15 蹈海之風(도해지풍): 전국시대 齊나라의 높은 節義를 가진 隱士 魯仲連은 당시 제후들이 포악한 秦나라 황제국으로 떠받들려 하자, 新垣衍에게 "秦나라가 천하의 제왕으로 군림하게 되면 나는 동해에 빠져 죽을지언정 그 백성이 되지 않겠다.(秦卽爲帝, 則魯連有蹈東海而死耳.)"고 한 고사를 일컬음.

16 匪風下泉(비풍하천): 《시경》〈檜風〉과 〈曹風〉의 篇名. 周代의 賢人이 쇠미해진 왕실을 걱정하고 슬프게 여겨 지은 시들이다.

17 卓然(탁연): 여럿 중에서 높이 뛰어나 의젓한 모양.

18 尤齋(우재): 宋時烈(1607~1689)의 호. 조선의 문신·성리학자·정치가. 본관은 恩津, 자는 英甫, 아명은 聖賚, 호는 尤庵·尤齋·橋山老夫·南澗老叟·華陽洞主, 시호는 文正. 유교 주자학의 대가이자 서인 분당 후에는 노론의 영수였다. 효종, 현종 두 국왕을 가르친 스승이었으며, 별칭은 大老 또는 宋子이다.

19 文正公(문정공): 金尙憲(1570~1652)의 시호. 본관은 安東, 자는 叔度, 호는 淸陰·西磵老人·石室山人이다. 1596년 庭試文科, 1608년 重試文科에 각각 급제하여 正言·校里·直提學 등을 역임하였다. 한때 파직되었다가 1623년 인조반정 이후 이조참의에 발탁되자 공신세력의 정치에 반대, 시비와 선악의 엄격한

吏胥之賤, 亦皆爲之特書。而公等之名, 不見于其間, 豈兵未久而罷, 事蹟旋晦, 無能以告者歟? 不然, 以公等樹立之如彼, 而獨靳其筆法, 余知其無是也。雖然, 今去丙子寖遠, 天下不復知有皇朝矣。然則, 是錄者, 雖不幸而不及於尤翁, 而亦幸而出於此時, 如長夜晦冥, 東方一星, 尙煌煌在天, 此豈偶然而然歟?

余旣感諸公風烈之如昨, 而崇禎之涒灘[21], 適三回矣。竊爲之俯仰流涕而書于卷, 噫! 其亦有知余之意也歟。

崇禎紀元百三十七年, 季冬[22]庚寅[23], 安東金元行[24] 謹序

구별을 주장함으로써 西人 淸西波의 영수가 되었다. 1636년 병자호란이 일어나자 예조판서로 斥和를 주장하여 이듬해 강화가 이루어지자 파직되고, 1639년 명나라를 공격하기 위한 청의 출병 요구를 반대하는 상소를 올려 이듬해 청나라에 압송되었다가 6년 후에 귀국하였다. 1649년 효종이 즉위한 후 大賢으로 추대를 받아 좌의정에 임명되었다.

20 三學士(삼학사): 조선시대 병자호란 때 淸나라와 화의를 반대하고 결사 항전을 주장하다가 인조가 항복한 뒤 중국 선양으로 끌려가 참형당한 洪翼漢·尹集·吳達濟 등 세 명의 學士를 가리킴. 송시열은 1671년 이들 삼학사의 전기인 〈삼학사전〉을 지었다.

21 涒灘(군탄): 古甲子의 十二支의 하나인 申을 말함. 명나라 毅宗의 연호인 숭정은 1628년부터 1644년까지 쓰였는데, 그 사이에 1632년 임신년과 1644년 갑신년이 있다. 여기서는 갑신년을 가리킨다.

22 季冬(계동): 음력 12월을 달리 이르는 말.

23 庚寅(경인): 1764년 12월의 일진이 庚寅인 날은 13일임.

24 金元行(김원행, 1702~1772): 본관은 安東, 자는 伯春, 호는 渼湖·雲樓. 1719년 진사가 되었다. 1722년 종조부 金昌集이 노론 4대신의 한 사람으로 賜死되고 온 집안이 귀양을 가게 되자 어머니의 配所에 따라갔다. 그곳에서 李珥·宋時烈의 저서를 탐독하였다. 1725년 조부 김창협과 아버지 金崇謙이 伸寃되었으나 과거를 포기하고 고향에서 학문에만 열중하였다. 생부는 金濟謙이다. 1740년 內侍教官을 제수받고 1750년 衛率·宗簿寺主簿, 1751년 翊贊·持平, 1754년

書筵官 등에 임명되었으나 모두 사퇴하였다. 1759년 王世孫(正祖)이 책봉되자 세손의 교육을 위하여 영조가 그를 불러들였으나 상소를 올려 사퇴하고 응하지 않았다. 1761년 工曹參議·成均館祭酒·世孫諭善에 임명되었으나 역시 사양하였다. 문집에 《渼湖集》이 있다.

[중간본] 호남병자창의록 서[1]

지난 인조조(仁祖朝)는 나라가 환난을 많이 겪었는지라 위대한 공적과 우뚝한 절개가 손가락으로 이루 다 꼽을 수 없을 정도로 많았으니, 유풍(遺風)이 미치는 곳에서는 열사(烈士)들에게 의분(義憤)을 북돋웠다. 나는 수십 년 전에 처음으로 이 《호남병자창의록》의 구편(舊編)을 얻어 훑어보았는데 절로 저도 모르게 분연히 감회가 일어났었고, 의병을 일으켰던 아름다운 사적들이 끝내 인멸되어 없어지지 않게 되었으니 매우 기뻤었다.

오호라! 숭정(崇禎) 병자년(1636) 겨울, 오랑캐의 기병들이 크게 쳐들어와 갑작스럽게 도성으로 육박해 오자, 대가(大駕)가 남한산성으로 피란하였고, 곧이어 애통한 교서(哀痛敎書)를 내려 사방의 군사들이 들어와 구원하도록 하였다. 이에, 옥과 현감(玉果縣監) 이흥발(李興浡), 대동 찰방(大同察訪) 이기발(李起浡), 순창 현감(淳昌縣監) 최온(崔蘊), 전 한림(前翰林) 양만용(梁曼容), 전 찰방(前察訪) 류집(柳楫) 등은 격문(檄文)을 보내어 의병을 일으켰는데, 동지 100여 명에게 임무를 맡겨 거사를 함께하였다. 거사를 함께한 동지들의

---

1 이 서문은 『호남병자창의록』(신해진 역주, 박기상·이덕양 편찬, 태학사, 2013)의 245~250면을 재수록한 것이다.

재주와 슬기, 지조와 절개는 또한 간혹 5현과 서로 못지않았다. 이때 이르러 번갈아 가며 서로 별 계획을 다 짜내어 의병과 군량을 모은 것이 매우 많았다. 기일을 굳게 정하여 여산(礪山)에서 일제히 모이기로 하였다. 때마침 기암(畸菴) 정홍명(鄭弘溟)을 만났는데, 호소사(號召使) 임무를 띠고 왔기 때문에 마침내 영수(領袖: 대장)로 추대하였다. 의병들을 달리게 하여 청주(淸州)에 이르렀으나 성 아래에서 오랑캐와의 화의(和議)가 이루어졌음을 듣게 되자, 이에 통곡하고 해산하였다. 아, 당시의 일은 지금까지도 그 풍성(風聲)을 들으면, 또한 어찌하여 슬프고 분한 마음이 북받쳐 격렬해진단 말인가.

지난 갑신년(1764)에 호남 유림이 창의했던 사적은 인멸되어 전하지 않을 것을 걱정하여 처음으로 이 《호남병자창의록》을 엮어서 만들고, 마침내 미음(渼陰) 김원행(金元行)의 글을 받아 책머리의 서문으로 삼아서 후세 사람들로 하여금 고찰해볼 수 있도록 하였다. 다만 그 기재된 것이 소략하거나 어그러지지 않을 수 없으니, 기암 정홍명 같은 이의 실적(實蹟)이 완전히 빠진 것은 그 가운데서도 큰 것이었다.

지금 제공(諸公)의 후예들과 몇몇 사우(士友)들이 서로 개수(改修)하기로 하고, 그 개수한 《호남병자창의록》을 가지고 와서 나에게 보여주었는데, 한번 펼쳐 보았더니 역력히 자세하다고 할 만하였다. 제공(諸公)들이 충성을 떨치고 의리로 항거하며, 선비와 백성들이 의분을 일으키고 용기를 북돋워 오랑캐의 칼날 앞에 다투어 달려가도록 한 것은 이미 징험할 수 있다. 그들의 평소 기개와 절조가 원근을 깜짝 놀라게 했으니, 예를 들자면 그 가운데 몇 분은 천계(天啓)

병인년(1626)에 성균관 유생으로서 오랑캐 사신의 목을 베기를 청하여 우뚝이 당시 사람들에 의해 옳은 일로 여겨진 것인데, 돌아보건대 어찌 그렇지가 않았으랴. 그렇다면 이 거사는 진실로 몸을 던져 사직을 보위하고자 충성을 하려 했던 것이며, 실로 또한 존주양이(尊周攘夷)의 대의(大義)를 좇으려는 데서 나왔던 것이다. 이것이 바로 의병을 파하던 날에 각자 흩어져 고향으로 돌아가고 은거하여 간혹 종신토록 나오지 않은 까닭이다. 이 창의록을 본 사람이면 창의의 전말을 읽어보고 두려운 마음으로 탄식하지 않을 수 있겠는가?

오호라! 나의 선조이신 우암(尤庵) 문정공(文正公: 송시열)은 일찍이 "쇠퇴한 세상일수록 더욱 절의(節義)를 높이 추장(推奬)해야 한다."라고 하셨고, 이에 주부자(朱夫子: 주희)께서 산승(山僧)과 위사(衛士)도 표창하신 뜻을 좇아서 특별히 드러내어 필법이 미천한 포수(砲手)와 서리(胥吏)의 전부에까지 이르렀는데, 제공(諸公)들의 충절이 그 써놓은 것에서 대략일망정 조금도 보이지 않은 것을 한옹(漢翁: 남자 어르신)이 깊이 한탄스러워한 것은 마땅하다 하겠다. 그리하여 《호남병자창의록》이 엮어졌으나 불행하게도 우암의 당대에는 미치지 못하였다. 진실로 지금 쇠미한 풍속에서는 편의에 따라 충성과 절의를 격려하고, 태평한 시대에는 모름지기 안일한 것을 경계할 수 있을 것이니, 이 《호남병자창의록》이 이때 나온 것만도 다행이라 할 것이다.

창의록 중에 새로 보탠 것은 모두 어떤 사람의 집에 있던 묵은 종이 더미 속에서 나온 것인데, 창의 당시의 서명이 있는 공문서들을 얻은 것은 구편을 편찬할 때에 고증하여 믿었던 것과 영락없이 같았고, 또한 참봉 조수성(曺守誠)의 일기 가운데서 조사하여 식별할만한 것을 얻기도 하였다. 조수성이 처음에는 화순(和順)에서 의병을 일으켰고 끝내는 오현(五賢)들과 합세하여 의병을 일으켰는데, 제공들에 의해 기리어 칭송되는 바가 많았다.

정묘년과 병자년의 의거(義擧)가 호남에서 번번이 많아 그 풍속이 매우 아름다웠음을 알 수 있으니, 오늘날 호남의 사람들이 이 창의록을 만든 것은 서로 권면하여 힘쓰도록 함이로다. 나는《정묘거의록》에 그 사실을 이제 막 서술하였다. 그런데 또 이 창의록에 대해 거듭 느낀 바 있어 마침내 이 글을 써서 호남창의록의 서문을 삼는다.

숭정(崇禎) 세 번째 무자년(1798) 5월

덕은(德殷) 송환기(宋煥箕) 삼가 서문을 짓다

湖南丙子倡義錄序

粤在仁祖朝, 國家多難, 偉功卓節, 指不勝僂, 遺風所及, 烈士[1]增慨。余於數十載前, 始得閱此錄舊編[2], 自不覺奮然興懷, 而甚喜其倡義徽蹟, 終不至湮晦焉。

嗚呼! 崇禎丙子冬, 虜騎大至, 猝薄都城, 大駕移駐南漢, 迺降哀痛之敎, 以督諸道兵入救。玉果縣監李公興浡, 大同察訪李公起浡, 淳昌縣監崔公蘊, 前翰林梁公曼容, 前察訪柳公楫, 發檄擧義, 以同志百餘人, 委任同事。其同事諸公, 才諝志節, 亦或有與

1 烈士(열사): 나라를 위하여 절의를 굳게 지키며 충성을 다하여 싸운 사람.

2 舊編(구편): 1762년에 간행된《호남병자창의록》을 일컬음. 이른바 초간본을 지칭한다.

五公相伯仲。至是, 迭相畫籌[3], 募得兵粮甚多。剋期齊會于礪山。適値鄭畸菴弘溟, 以號召使至, 遂推爲領袖, 趣兵到淸州, 聞城下之盟, 乃痛哭而罷。噫! 當時事, 迄今聞風者, 尙何增悲憤激烈哉?

曩於涒灘三回[4]之歲, 湖南諸儒, 懼其事蹟泯而不傳, 始編成此一錄, 遂得金渼陰[5]元行文, 以弁諸卷, 使後人得有以攷徵焉。惟其所載, 不能無踈略舛謬, 若畸翁實蹟之全然闕漏, 是其尤大者也。

今諸公後裔與若而[6]士友, 相謀改修, 而以其錄來示余, 一繙過, 可歷歷得詳矣。諸公之奮忠抗義, 以致士民之激愾鼓勇, 爭赴虜鋒者, 槩可驗。其平日氣節, 聳動遠邇, 若其數公之當天啓丙寅[7], 以泮儒, 請斬虜价[8], 卓然爲一世所韙者, 顧豈不然? 然則, 是擧

---

3 畫籌(획책): 별 생각을 다 짜냄.

4 涒灘三回(군탄삼회): 군탄은 古甲子 12支의 9번째인 申을 가리킴. 송환기가 1728년에 태어났는데, 그가 태어난 이후 3번째 원숭이 해는 1764년이다.

5 渼陰(미음): 金元行(1702~1772)의 호인 듯. 본관은 安東, 자는 伯春, 호는 渼湖·雲樓. 1719년 진사가 되었다. 1722년 종조부 金昌集이 노론 4대신의 한 사람으로 賜死되고 온 집안이 귀양을 가게 되자 어머니의 配所에 따라갔다. 그곳에서 李珥·宋時烈의 저서를 탐독하였다. 1725년 조부 김창협과 아버지 金崇謙이 伸寃되었으나 과거를 포기하고 고향에서 학문에만 열중하였다. 생부는 金濟謙이다. 1740년 內侍敎官을 제수받고 1750년 衛率·宗簿寺主簿, 1751년 翊贊·持平, 1754년 書筵官 등에 임명되었으나 모두 사퇴하였다. 1759년 王世孫(正祖)이 책봉되자 세손의 교육을 위하여 영조가 그를 불러들였으나 상소를 올려 사퇴하고 응하지 않았다. 1761년 工曹參議·成均館祭酒·世孫諭善에 임명되었으나 역시 사양하였다. 문집에 《渼湖集》이 있다.

6 若而(약이): 약간.

7 天啓丙寅(천계병인): 仁祖 4년인 1626년.

也, 固爲捐身衛社之忠, 而實亦從尊攘[9]大義中出來。斯其所以於兵罷之日, 各自散歸而屛居[10], 或至有終身不生焉。人之覽是錄者, 閱其始終, 而可無惕然興喟乎?

嗚呼! 我先祖尤菴[11]文正公, 嘗謂 : "衰世尤當崇奬節義." 乃遵朱夫子表享山僧衛士之意, 特著之, 筆至及於炮手吏胥之賤夫, 以諸公忠節, 而不少槪見於其記着中者, 宜乎漢翁深致恨。於是, 錄之成, 不幸而不及當世也。固今衰微之俗, 因宜激勵以忠烈, 而昇平之世, 須可警惕[12]於恬嬉, 此錄之出於此時, 亦云幸矣。

錄中新附者, 皆從人家故紙中, 得其時印署公帖, 一似舊編時所徵信, 而亦得攷識[13]於參奉曹公守誠日記中。蓋曹公始倡於和順之鄕, 而終與五公合擧, 甚爲諸公所推許矣。

前後義擧, 輒多在於湖南, 可見其俗習甚美, 今日湖南諸君之爲是錄者, 蓋相勉旃哉。余於丁卯擧義錄, 纔已叙其事矣[14]。又於

---

8 虜价(노개): 오랑캐 사신.

9 尊攘(존양): 尊周攘夷. 주나라 왕실을 존숭하고 이적을 물리친다는 뜻으로, 보통 정통의 명나라를 존숭하고 청나라를 배척한 것을 이르는 말로 쓰임.

10 屛居(병거): 숨어 삶.

11 尤菴(우암): 宋時烈(1607~1689)의 호. 조선의 문신·성리학자·정치가. 본관은 恩津, 자는 英甫, 아명은 聖賚, 호는 尤齋·橋山老夫·南澗老叟·華陽洞主, 시호는 文正. 유교 주자학의 대가이자 서인 분당 후에는 노론의 영수였다. 효종, 현종 두 국왕을 가르친 스승이었으며, 별칭은 大老 또는 宋子이다.

12 警惕(경척): 경계함.

13 攷識(고식): 査考識別. 고증하여 분별함.

14 송환기는 1798년 5월에 서문을 지어《天啓丁卯兩湖擧義錄(약칭 양호거의록)》과《丁卯擧義錄》에 붙이도록 하였음.

此, 重有感焉, 遂書此爲湖南倡義錄序。

崇禎後三戊子仲夏[15]

德殷宋煥箕[16]謹序

15 仲夏(중하): 여름이 한창인 때라는 뜻으로, 음력 5월을 달리 이르는 말.

16 宋煥箕(송환기, 1728~1807): 본관은 恩津, 자는 子東, 호는 心齋·性潭. 宋時烈의 5대손이며, 宋寅相의 아들이다. 외조부는 안동권씨 權整이고, 처부는 창녕성씨 成道凝이다. 1762년 생원시에 합격하였다. 1799년 司䆃寺主簿가 되고, 사헌부지평·사헌부장령·軍資監正을 거쳐 진산군수가 되었으나 병을 핑계로 사직하였다. 1807년 형조참의·예조참판에 올랐다.

찾아보기

영인

청강 조수성 창의사실

淸江 曺守誠 倡義事實

출처 : 《曺氏五賢集》 권3, 1896.(전남대학교 도서관 소장)

화순거의시일기

和順擧義時日記

출처 : 『화순병자창의일지』, 2015.(강동원 편저, 도서출판 서남)

여기서부터는 影印本을 인쇄한 부분으로 맨 뒷 페이지부터 보십시오.

淸江 曺守誠 倡義事實

(《曺氏五賢集》권3, 1896)

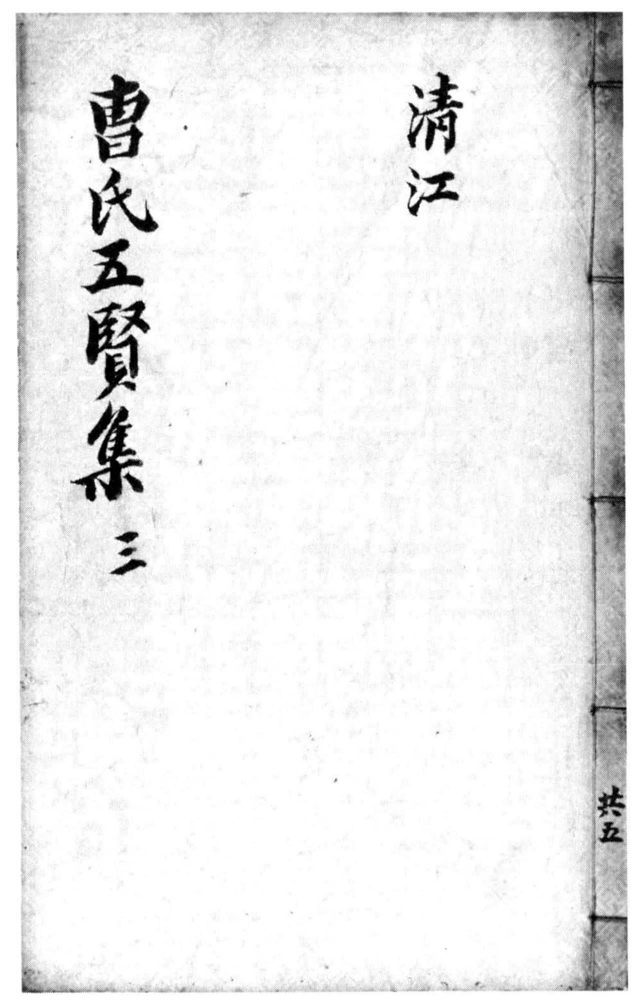

五賢遺集卷之三

清江遺集目錄

卷之一

詩

五言絶句

清江有感 幷小叙

晩菊

領兵到礪山

五言律詩

江水

附原韻

鏡湖

庭草交翠

幽居不用名

漸喜交遊絶

月到天心處

卷之二附錄

附輓章

誌狀

先考通訓大夫鴻山縣監樂乎堂誌狀

跋

淑父鼎谷公司馬榜卷後跋

儒先錄後跋

卷之三附錄

倡義事實

丙子記事

尊周義蹟

教文

擧義檄文

丙子擧義日記

淸江遺集目錄

淸江遺集卷之三

倡義事實 詳見湖南丙子倡義錄

丙子記事

崇禎九年丙子十二月初九日金虜大擧入境直犯京城
上幸南漢虜騎圍之甚急玉果縣監李興浡大同察訪
李起浡淳昌縣監崔蘊前翰林梁曼容前察訪柳楫擧義
玉果生員曺守誠進士曺熀擧義和順前察訪金璇前別
坐羅海鳳擧義羅州會黃芝所一晧請募人潛出使督諸
道兵十九日遞諭 教文自圍中出來諸公聞 命益悲
憤期會礪山設募義廳二十五日傳檄道內分定列邑募

義都有司有司諸公一齊響應丁丑正月二十日合于礪山時大司諫鄭弘溟以召募使在公州諸公乃定議合兵且與本道監司李時昉合勢未幾弘溟又承號召使 命還巡湖南沿邑諸公領兵至淸州聞南漢出城之報相向痛哭而歸

尊周義蹟 見東野隨錄

萬曆四十七年己未 光海十一年 光海主使姜弘立從劉綎征建州虜兒哈赤弘立遂降將軍金應河死之 天啓六年丙寅虜使來我國泮儒及諫院上疏請斬虜介函送 天朝時李雲巖與淳兄弟曺淸江守誠曺九峯熀以進士齋

參泮疏翌年丁卯虜阿彌他水率數萬騎以脅降弘立爲
前驅入安州未幾虜退去遣劉興祚請和 崇禎九年丙
子春虜弘他時稱帝遣使我 國洪學士翼漢請斬虜使
奏聞 天朝 上納其言虜使英俄兒代恐見誅亡歸瀋
陽是年十二月初九日虜兵大至十四日直犯京城 大
駕幸南漢 中殿率三大君元孫入江華金仙源尚容以
舊相從宗廟保江華主將金慶徵中酒歌呼不爲備城遂
陷金公尚容自焚死虜騎圍南漢益急府尹黃公一皓請
募人潛出使徵諸道兵十九日 教書自圍中出吏曹判
書崔鳴吉力主和議金淸陰尚憲鄭桐溪蘊疏斥主和人

崔鳴吉作和書金公哭裂其書崔鳴吉拾補之曰裂之者
固不可無補之者亦不當有耶及虜求首謀絶盟之人於
是安東金尙憲草溪鄭蘊坡州尹煌南原尹集海州吳達
濟光州金益熙溫陽鄭雷卿坡州尹文擧安東金益壽全
州李行遇南陽洪瑑凡十餘人以斥和之臣自首請行而
洪翼漢時在平壤庶尹故不首朝議欲縛送十餘人諫臣
爭之不已乃以斥和首唱止遣三學士洪翼漢自平壤任
所執遣洪學士行到義州府尹林公慶業郊迎慰之曰此
眞男兒事生能扶大義死可光竹帛三學士皆遇害虜中
當是時湖南倡義諸公蹈刃冒死皆知有背城一戰以報

君父之義而星夜赴難師未及而不知和議之從中已成
矣其於深入遠涉之虜乃不一戰而媾之士夫慷慨之淚
不盡而春秋尊攘之義幾乎掃地是以諸公各於兵罷之
日痛哭杜門終身不出李西歸起渟作蹈東海疏曹九峯
煶著三學士贊及尊周義錄

敎文

王若曰我國臣事 天朝二百年于玆 皇明覆育之恩
至于壬辰而極此萬古不可渝之大義也一自西虜猾
夏我國義在同仇丁卯之變出於猝迫上奏 天朝權
許羈縻者只爲保全一國生靈之命故也今者此虜至

稱僭號要我通議耳不忍聞口不忍說不計強弱顯斥其使只爲扶植萬古君臣之義故也予之終始爲生民爲 天朝者昭如日星此皆一國士民所共悉伊虜肆虐輕兵豕突予出駐南漢期以死守存亡之勢決於呼吸爾士民同受 天朝恩澤深以和事爲恥者久矣況今君父危迫之禍至於此極此正忠臣義士捐軀報國之秋也噫予惟智不能明仁不能博以負爾士民則有之矣今玆禍亂之作非有所自取徒以不忍背君臣大義也此心此義通天下上下爾亦安忍恝然於君父之義不救予之急難哉宜力奮智力或糾合義旅或資助

軍糧器械奮勇北首廓清大亂扶植綱常樹立勳名
豈不快哉故玆敎示想宜知悉
崇禎九年十二月十九日

擧義檄文

奉天月暈李晟募勤王之師泗郊祈鳴有若慾踊庭之士
但知主辱臣死不計才弱敵強嗚呼噫嘻 國步遭鄭虜騎
犯順前春之僭號罔極漸惹渝盟之端猾夏之凶圖益深
將絶顧後之患河朔之州郡俱潰何無一箇男兒秦京之
道路云遐難徹七夜號哭徒聞去邠之 法駕不見八關之
隻輪嗚呼安市之一髮孤城尙遏方壯之甲宋室之百年

養士詎無團結之丁惟我湖南簪纓世家忠義府庫遠則申壯節鄭景烈芳躅昭揭日星近則高苔軒金健齋諸公感殉社稷非敢罔俾專美亦云有爲若斯父母邦危寧論螗蜋拒轍之勢金鼓聲聞此是熊魚稱秤之秋守誠草莽腐儒桑榆殘景生無軍旅之學習誰與行兵坐聞 君父之播遷惟有效死玆發盈尺之片牘遍告列邑之僉賢稱其戈執其干庶追曾汪踦之衛社摶一人捽一卒無憾楚大心之報君見義卽爲然後謂之君子同聲相應是所望於

羣公

崇禎九年十二月二十五日生員曺守誠單緘

光州有司高傅立 朴思遠 柳東煥 申澤
羅州有司柳浚 崔震岡 洪命基 李煥
綾州有司梁禹甸 文悌亮 閔彭齡
南平有司徐荇 鄭傑 尹俶
同福有司丁好敏 金聲遠

丙子擧義日記 (長子煜所錄時以書記從行)

崇禎九年丙子十二月二十五日 行宮領敎文來到公方朝食奉讀未半哽塞不能語因輟食卽招從姪進士煜吏讀煜亦慨然流涕公語煜曰吾家世受 國恩報效無地 國危如此正主辱臣死之日也吾雖駑劣願倡一隊義

旅赴死 國難君肯從我乎熀起拜曰微叔之言姪方欲
請之旣聞命矣敢有異志然虜騎充斥 國勢窘迫便可
卽地赴難不可時刻差慢也公喜曰君言正合吾意具冠
服辭家廟告以勤 王死敵之義出坐外堂召子煜孫挺
有語曰汝等不可俱死煜當從我挺有留奉先祀又招首
奴山伊戊辰金龍伊等分付曰君臣奴主一義也吾將以
臣死君汝輩以奴死主可也且吾已決死少有違命者斬
辭語慷慨奴皆感泣畏懼莫敢仰視但唯唯而已熀曰兩
家雖有略干家僮不可以此輒行必往邑中設募義廳辦
備戎服軍器其間必費多小日子奴輩之父母妻子或有

往來之煩則不但紀律之不嚴軍情將有逗撓不堅之患
公曰諾乃招兩家僮僕之妻與子伏之庭下厲聲分付曰
若屬皆至愚匹婦豈知軍法乎軍法女子入軍中則斬行
軍之際或瞻望涕泣則大不利於軍事若屬或以母訪子
以妻訪夫以姊妹訪同産托以餽酒餽飯或晝或夜足跡
近於募義廳而綻露則吾將負之以鼓徇示軍中梟首軍
門次誅犯律者之夫若子婢屬皆戰慄又以溫言諭之曰
人孰無死死於 國事死且爲義鬼且從軍者未必死幸
得殺賊成功則 國家必有褒賞之典我且以白文放贖
汝等矣分付畢卽使驅出家事一無所言點得家僮五十

三名從姪家奴丁四十六名發牌萬淵寺取靑黃色令旛各一雙錚鼓各一出家中所有馬上刀二口公與從姪分佩鄕中大小民人莫不聳懼咨嗟家人進酒饌公素不喜酒是日命進大觥與從姪連飮五盃遂上馬二卒執旗前導鼓一鳴家僮百餘名已滿街巷無一人落後者遂領軍向邑縣監柳萱聞公叔姪之至慌忙出迎執手相勞設義兵廳於客舍中大廳門外鄕儒林時泰崔鳴海亦奮然來會公大喜曰二公來助大事濟矣一邊鑄造兵器冶匠七名弓匠九名一邊傳檄列邑各付有司綾州梁禹甸文愽克閔彭齡南平徐荇鄭槃尹儆羅州崔震岡柳浚洪命基

李煥光州高傅立朴思遠柳東煥申瀞同福丁好敏金聲遠公與從姪守義廳公之子煜領辦戎服糧餉之事崔鳴海林時泰及從弟守憲從姪燦分主募丁買馬等事○二十六日午後崔鳴海募來九丁黃昏林時泰募來十七名公謂諸有司曰 國家存亡迫在朝夕吾輩出萬死倡此舉當星夜赴難不可曠日遲滯吾非不知傳檄湖南各邑而只傳於隣近邑蓋恐其浩煩遲延之患也行軍急務糧餉爲先遂罄家儲出米二十三石從姪亦出二十石崔公出十石林公出八石從弟守憲出十三石從姪燦亦出十三石公謂子煜曰汝當至家更飭軍服糧餉等需且兩家

收拾軍丁殆近百數而非盡是奴屬戶下良丁居多實被
威脅驅使而來豈有募義樂死之理其身雖在此其心必
在家汝須厚爲撫恤廩其家屬之飢寒者以慰軍人之心
亦一馭戎之道也鄉儒柳涵入來曰聞諸君之擧義特來
相助仍招邑居閒良金振聲金魏徵裴弘立片成大韓命
男等商確行軍規模募丁方略柳涵亦當募丁事自願赴
義以裴弘立爲軍餉色吏捧置糧米於廳前庫中以片成
大習於陣法爲隊伍長使調習軍丁以應義輸糧之意遍
告各面○二十七日發牌於萬淵寺綾州雙峯寺石泉寺
南平雲興寺同福靈鳳寺維摩寺順天松廣寺仙巖寺光

州澄心寺靈巖道岬寺海南大芚寺僧處使收納戰具等物以金魏徵充領兵軍官使之寫軍案運致各寺各村大鼎中鼎及各家鼎合十八箇及鍮鑞等物於軍中使軍卒十八人遞番主餉粮米則軍丁一升義廳會員七合磨鍊萬淵寺僧智森智環景勳等別獻紙十束爲軍中日記之資鄕人張慶洽盧德量等膂力過人別請入來語以同事盧辭以親老公曰汝有兄二人非獨子無兄弟者昔在魏公子軍中必不許爾歸養曉以主辱臣死之義盧亦感悟更不推辭鄕儒孔遇吉孔亨吉等來軍丁十五名糧米各三石自當崔起宗來軍丁十四名糧米八石自當林時敏

林時慶林時盃林時雋林時啓等來軍丁十八名糧米二十五石鐵四十斤自當皆願從義陣公喜曰諸君勤於應募如此非忠義之素所蓄積者能之乎孫挺有輸來糧米公謂曰烏合單弱之卒當一犒以增氣汝須得大牛二隻爲明日犒軍之需領命而去當夜公與從姪及崔林明燭看兵書夜已過半色吏士卒皆睡倒地地主柳萱使人覘之歎曰吾每使人夜覘終始不怠愈往愈篤草野忠憤如是食祿者可愧遂許保人官奴三十名料米二十石且曰本邑兵器已輸於上營元軍今方特造弓箭四十部長槍二十柄以助義擧公答曰今番之變非甲子之比當星夜

赴敵不可留滯時日所許保丁明曉招送可也柳侯曰諾
○二十八日朝食後柳侯所送軍丁三十名一齊來現其
中李太爲名者有蹇病有徐池金者自言父母俱死未克
掩土特許還送從弟守憲以家僮五名及募丁十名粮米
四石剛鐵三十五斤來從姪爕以家僮六名及募丁八名
馬三匹來庶弟守天募丁七名來孫挺有八來曰大牛一
隻已辦得公曰當明日爲犒光州南平同福有司來到光
州有司高傅立曰公當老境挺身擧義此所謂聲大義者
明目張膽不計死生也軍丁糧械當募得極力這這領送
公曰吾雖先倡非公等之和而應之安敢望赴難乎幸望

諸公皆歸剋期多募諸有司領諾而去午後雪下晡時李
興浡梁曼容等義檄來到檄文中以公叔姪及崔林兩人
付和順募義有司公曰吾儕四人已倡此舉而此檄又至
何不謀而同也然已聚略干兵糧只可合力於赴敵不可
投附於麾下節使崔鳴海往李興浡營中觀其治軍且告
會兵日子綾州有司三員乘昏齊到曰義旅猝難多得只
得七名於校生中糧米各出於家聚十石領來劒箭及馬
匹當還歸極力募送公曰諸公皆在隣邑發檄屢日無一
人來頗以爲訝軍丁糧米募聚領來可謂敏於事而勇於
義本縣西面所募軍丁九名米五石馬六弓七箭二十部

○鳥銃二槍三戰笠九軍馬器械令訓鍊色次知糧米令軍餉色次知是夜與綾州有司商確達曙○二十九日平明挺有以糧米十石牛一隻來從姪家米十石來從弟守憲從姪燦以太四石筋膠等物鐵三十七斤旗竹十箇來諸公歎其勤幹曰有是叔有是姪朝食後米八石自崔鳴海家來七石自林時泰家來柳涵以軍丁八名米五石太五石箭竹五百箇鐵三十斤來曰事急難以多募公曰以君家力不圖至斯可嘉其勤敏也綾州有司告歸公挽之曰今日可觀犒餉調習之節孔遇吉孔亨吉以奴丁五名米十三石來崔起宗募丁七名米八石來林時敏五人所募

軍十五名米十石太七石醬五瓶鹽五石本縣東面所募
軍丁九名粮六石太二石鐵百斤槍一柄馬八匹布五匹
箭十五部戰笠七箇輸來卽令韓命男裵弘立設犒軍之
備片成大點軍案公曰兩隻牛不足於犒急送家奴山伊
牽來奴伊金家牛隻使並宰之有頃韓命男來白曰牛則
已宰且烹酒當用幾何公曰此犒欲增士氣之舉期以盡
醉何可預限命男遂以牛酒先進於義廳公曰姑止之當
調習軍容而後餉之縱姪曰爲將之道不可先士卒飮食
公卽與諸公就間曠之地伐鼓揮旗結方圓等陣進退周
旋隊伍嚴整遂操閱數次而止令進牛酒大犒士卒午後

綾州有司辭去羅州有司柳浚送軍丁七名箭竹四百箇弓十五大刀二都狀義廳身病不能躬進姑待小差卽可馳進云云俄而崔震岡洪命基兩人亦以軍丁十七名長箭十五部弓四烏銃五來公喜執崔手曰勤幹不當如是耶勉以更募赴期之意進勸酒饌分付韓命男厚餉羅州新到軍人鄉儒朴尚眞素有膽力且義氣慷慨人也是日義廳諸公相議曰吾輩倡此擧已五六日而斯人尚今不至甚可異也遂別請入來語以同事朴沇默良久始許諾又許家僮十七名米十三石太三石刀一片咸大納米二石醬一海金魏徵納米二石太二石初昏柳侯送牛酒夜

既深軍人有酗酒相鬨聲聞帳中卽令片戍大查出得犯罪者五名决棍各七度○三十日平明點閱軍丁令片戍大金魏徵自今爲始日兩操閱終日習射綾州有司輸送軍丁十名糧八石太二石馬五匹箭十三部箭竹三百箇又送冶匠五名弓匠三名膠角等物同福有司輸送軍丁九名米四石太三石弓箭五部光州有司輸送軍丁十五名米九石長槍六柄箭竹七百箇馬三匹公喜曰列邑諸公應募亦甚勤矣以隨時輸送之意申告本縣親友家爵募布十一匹八來召訓鍊色吏問士卒無軍服者幾何片戍大對曰各宅奴丁自谷宅已辦服官奴及保人自官亦

辦服綾州及光羅同南募來軍未及備服今有十四匹募
布當次第製給崔鳴海曰非但戎服士卒中衣弊凍寒者
可製衣與之座皆稱善林時泰曰不可無大旗幟裁四匹
布作二大旗畫以虎豹鷹隼之屬孔亨吉送旗竿長竹五
箇公謂挺有曰汝可得布十餘匹來挺有對曰姑無見在
布可待二三日因與諸人講論行軍方略會挺有自外來
告曰俄聞岳丈亦起義旅岳丈卽安邦俊也公歎曰此老
平生吾已習知擧義規模必多可觀移書勉之曰 國家
存亡在於朝夕爲臣子者當沫血蹈刃萬死猶甘弟實不
量駑劣敢募義旅以圖赴難尺聞尊兄亦倡義擧節制設

施豈與碌碌者比幸望剋期同赴云云卽召從姪語曰今
考軍案執弓把槍者已至四百餘數便可發程林時泰亦
曰 國危日急不可遲滯而顧此所聚都是鋤耰白丁不
知操弓不知乘馬必須操鍊數日待知方向然後便可倍
道兼行從姪曰農民不慣乘馬且馬數不給不如純用步
兵所得馬匹可用運糧械邑中募得壯丁二十七名布六
疋來萬淵寺僧納醬五海乾菜百束林時泰自袖中出小
冊子乃軍中約束也凡八條一軍人無得喧譁奔突一軍
人十名式遞番達夜巡更一接戰時賊兵或有遺棄什
物若刀槍取之其他勿取一鼓進金退赴湯蹈火敢有退步

者斬一軍中炊飯時當以鑼爲令一齊炊飯一齊喫飯若
或差池者查出火兵及隊長決棍三度再犯者斬一義廳
諸員雖皆鄉隣儕友旣入軍中則不可無將幕肅敬之禮
一軍人及義廳諸員皆佩號牌事盖自草條約也座中稱
善林辭謝曰皆古人糟粕非自己創出使片成大曉諭軍
中○丁丑正月初一日雞三鳴公招軍餉色吏誡之曰今
日異於他日且行軍之期不遠犒餉之節不可草草大犒
則當以日中朝前不可無別餉且工匠輩不得交睫者已
至屢日今日半日特許撤役一體厚餉且顧座中曰吾等
欲以一隊烏合之卒將抗數十萬不測之凶鋒何異螗蜋

之拒轍苟若能一心一力則庶幾殺一賊搴一旗以報天地生成之澤豈執兵而死分內事也元日一年之上日諸君可合席飮酒以堅死義之盟如何座皆慷慨領諾辰時軍吏來告曰已辨餉軍之需請先點閱公及諸公就開曠之地復試坐作進退之節申以違律按法之令軍丁皆依伍齊整不敢喧譁柳侯出見歎曰數日之間山野白徒何若是鍊熟也公曰民等實不知兵法皆軍色片戌大之力柳侯嘉歎賜成大危酒大餉是日各家所餽酒餠魚肉數十器一半出給軍吏以充犒需一半出給工匠以爲夜役療飢之資○初二日習射於蒜山下崔起宗林時敏來時

敏送麴子百圓同福光州諸有司來到曰李興浡等檄文
又到酬應自歧公曰吾與李公均是爲 國家死敵之義吾
之士馬器械李公所資李公之兵甲糧餉亦吾所用且吾
已略募而李公始募諸公當酬應於彼諸有司皆歎曰公
言 國耳公耳綾州雙峯僧有覺等來獻戰笠四十箇
熟麻大索二百把油衣五件同福靈鳳寺僧納戰笠十三箇
麻靴五十葛靴一百二十熟麻大索四十把維摩僧納葛靴
二百油衣三件鐵三十斤紙十束○初三日大牛一隻自
崔鳴海家來一隻自林時泰家來崔主簿送米五石醬三
瓶安牛山答書來羅州有司自領募丁十三名來林時敏

崔起宗來終日講軍事○初四日平明崔鳴海自李興浡
幕中還公問其詳曰擧義屬耳招募只四十七名列邑姑無
應擧者倡義規模別無異同礪山相會固其願也云云孔
亨吉林時敏各送一牛午後操閱數次而止○初五日習
射終日牛一隻自從弟守憲家來一隻自從姪燦家來○
初六日雨雪大降平明點閱軍額收拾粮械等物軍丁五
百二十四名馬五十四匹弓百五十箭三百八十部槍八
十五柄銃七十二火藥百十斤劒六十二柄糧米百五十
石十斗太五十石公議諸有司曰行兵之期只在數日後
而軍糧見在者不足奈何朴尙眞曰事至於此有何係吝

宜馨家儲助軍需座皆稱善公先出十石從姪出十石朴
時泰七石崔鳴海七石從弟守憲兄弟從姪爍各七石朴
尚眞七石孔亨吉四石魏徵成大等私募得十二石公命
軍吏曰明日犒軍可用酒餠飯三件物斯速辦備以待分
付金魏徵私募二匹馬來柳侯復送馬二匹公及諸公一
齊入謝柳侯設饌相待○初七日朴尚眞得長箭三十部
來柳涵得馬二匹來南平有司徐荇綾州有司梁禹甸來
公曰今士馬粮械略備便可卜日發行諸有司皆曰諾徐
荇曰初九日好十一日尤好於是以十一日發程意徧告
軍中閱兵習射○初八日光州有司送馬四匹戰笠二十

箇槍二柄糧五石太三石朴思遠自領來松廣僧雪鳴等
五名來獻油衣十件戰笠四十箇大索二百把海衣百二
十束葛靴百箇謝其晩到之罪賜酒遣之○初九日習射
放砲於萬淵山下善者賞之有差○初十日平明南從姪
家犒軍牛一隻酒五瓶來孔亨吉林時敏各送牛一隻從
弟守憲家酒六海青魚二十束來從姪燦家酒五海北魚
十貼狗二首餅五器來挺有以酒五瓶大口魚十五尾餅
五器來林時泰家雞十首酒二瓶來柳涵家酒五瓶青魚
十束來朴尚眞家餅三器酒二瓶犢一隻來盧德量張慶
洽各進酒二瓶狗三首是日鄉中士友及小民進酒肉什

物者不可殫記午後餅八器自崔鳴海家來合計酒八十
餘瓶餅飯九十餘器魚肉七十餘器命置三十瓶一隻牛
於庫中以備明日發行之犒片成大曰軍中不可無行饌
願以一牛及雞狗合作肉醬許之從姪曰當初不許家僮
親屬往來盖恐其逗撓軍情也今日生離死別之日聞本
邑他官士卒之父母妻子塡塞街巷不得相面多有望泣
者云今日則特許就餞此亦體情之道公許之並令召入
於是男女駢闐飲食淋漓無復紀律特於別處設一宴出
給犒軍酒肉或有垂淚不肯食者午後大閱餉軍而罷晡
時萬淵寺僧智環智森等進飯米二十斗山菜二百束壯紙五

東油紙二束麻靴六十箇○十一日雞鳴公招軍吏分付曰今日必發程促令士卒急起炊飯出給留庫酒肉平明柳侯持牛酒出餞親自執酌勸公及諸有司曰諸公今日提挈義旅往赴 君父之急生當爲烈丈夫死可垂名於竹帛當則食祿之人也事當分領一隊死於行間而顧此鈍劣懷祿畏死坐餞諸公慙愧慚愧公及諸有司皆拜謝曰民等不自度量猝倡此擧智短力綿百用俱掃專荷賢侯之顧助幸當發程之期耳柳侯辭讓再三公遂分付軍色飭其裝載軍色曰所得馬五十匹除軍色吏所騎八匹只有四十二匹其中有兒馬六七匹不敢載糧公曰兒

馬則但載弓箭等物餘可盡載糧米復令五十丁負糧目
前發程等待於板峙上糧米九十石留下庫中陸續上送
之意托於柳侯柳侯許諾復送三枝槍二柄令幡一雙是
日鄉人來餞者百餘人莫不咨嗟欽聳公及諸有司一齊
上馬令片戍大執旗先導公謂從姪曰汝可小住監督後
軍一齊來到公與諸公策馬先行從弟守憲及從姪燦指
揮隊伍子煜以書記兼子弟幕僚隨後至板峴運糧軍馬
已先在令片戍大執銅角發天鵝聲衆軍已到山下陸續
上來一一點考有一卒後到乃隊長戊辰金爲名者公之
家僮也當日醉酒落後公怒將斬之諸公皆固請貰罪公

曰行未十里師律已情吾以家僮貫其罪則何以令衆軍乎卽斬以徇衆皆股慄從姪焜進曰向者八條約誓中獨漏一款行軍沿路軍人或取民家一物必用軍法公曰善卽以此意曉諭軍中日已過午時矣催發人馬到光州士人來見者四十餘人自當朝夕軍餉○十二日到長城府士人金地寶金南寶李䀂等三人持牛酒來見致馬料太五石草百餘束○十三日到蘆嶺小歇軍馬風雪大作留宿嶺下○十四日到泰仁邑人李景煥等持牛酒來見曰不意草野之中倡此烈烈之擧因贈馬一匹弓箭五部長刀一柄○十五日到金溝邑內○十六日到全州府住兵

西門外使從姪熀往見李興淳告以提兵來會之意李興淳兄弟聞公來到顚倒來見從軍吏三人往馬軍門外傳語往復二次而後始入來公及諸公皆出迎相揖而坐李公曰鄙等不知尊公已倡義旅向日傳檄中誤以公及令姪付之有司及聞崔君之言始知尊公已先擧義規模設施實非鄙等所及公答曰鄙等之率爾倡此雖激愚衷而百爾思之殆甚蟷蜋之抗轍及見尊公檄文始知主盟之有人而且感不遐之盛意因指林時泰曰此乃公檄中所付有司而與我並力擧義者也相論行兵之事至夜乃去

○十七日平明公與諸公往觀李公調鍊法而來午後李

公親持牛酒來勞請見卒伍進退之節公與諸有司即就
丙原平曠處操習數次李公歎曰峽野農民何其鍊熟於
軍律如是公笑曰吾有領兵軍官片成大金魏徵二人教
之如此李公亦笑曰成大之名可成大事今之魏徵不讓
於古之魏徵黃昏李公歸○十八日將發行公使從姪焜
往李公營告以先到礪山駐兵相待意李公即偕來面約
而歸是日宿參禮驛○十九日到礪山留待李興浡時本
道監司李時昉領軍在湖西鄭弘溟時爲義兵大將與監
司合力公與從姪議曰吾已倡數百義旅行到此地期與
李興浡等合力不可受制於他人從侄亦曰彼旣爲元帥

與監司同事李公若來而合於彼則率我所募別當一隅
耳第觀李公之來以決方略公頷之○二十日留礪山府
雞鳴命裵弘立下去本邑促輸來留置粮米李興浡等兵
至公及諸公出陣迎接○二十一日平明李公問行師之
期公答曰 國危甚急固當星夜赴敵而吾以馬少不能多
輸糧米發程屢日軍糧見在者不足故昨送軍吏督運糧
米姑待其來可以進兵李公曰吾亦設廳不久怱遽發行
軍器糧料多有未備耳○二十二日朝大雨雪至午小歇
操閱一次○二十三日操閱二次○二十四日習射終日
○二十五日午前操閱午後犒軍李公起浡來觀○二十

六日午後裴弘立輸留粮九十石上來公問其輸來之狀對曰自本官宣力特發民丁輸送已到長城故仍領來出呈柳侯書簡盖行中都狀也遂令片成大白李公以糧旣到明日進軍之意○二十七日到尼城日已黃昏駐兵於縣南公忽垂淚左右曰公畏死乎公收涕謝曰非敢如是昔吾先君爲此邑宰歿于官余以獨身年甫成童扶櫬還鄉罔極之痛艱辛之狀不可備說今日到此自然傷感座皆含淚俄而邑吏朴時春楊白燁等奉酒饌來謁當朝夕馬料納弓箭八部此兩吏故尼城公莅官時吏房朴得華戶長楊春茂子也○二十八日遇大風雪留軍尼城縣與

李起浡等講軍事午後進兵到公州界時忠淸監司鄭世
規軍敗奔還從姪燒素與鄭善以單騎往見問敵勢强弱
鄭公見之大喜曰敗軍之將實不知賊勢如何未及交兵
而自潰慚愧慙愧草野擧義眞烈丈夫事與犒軍牛三隻
米二十石弓箭三十部銃十火藥等物率數十騎來見義
兵諸將○二十九日到淸州西平原聞賊遊騎聚山谷中
不知多少軍情洶洶恐有埋伏不敢輕進依險自守時列
邑募兵多道亾且賊勢跳梁義兵諸將皆聚一處相議或
曰以烏合單弱之卒輕犯兇鋒便同塊肉投虎不如多張
旗幟金鼓相聞以爲疑兵使賊知有援兵之來到不敢逼

城使南漢知有勤王師之來到守陣益固則此爲上計或
曰賊之游騎已至此界則必以重兵先截隘口以遏三南
援兵矣輕進無益不如移陣據險探聽消息以圖進兵公
曰兵以義倡畏死逗遛足以貽笑不如從間直抵南漢保
守城堞李公等皆從其議○三十日平明遍募各陣中往
覘山谷中賊勢莫有應者梁曼容李起浡奮身請往卽令
五六砲手隨後登山俯賊賊騎數百聚於谷中以其所掠
牛馬且宰且啗起浡歎其單弱使其從者一齊放砲賊騎
大駭散而復合圍住起浡正在蒼黃之際公與從姪及盧
德量片成大等將勁卒五十躡其後見李公被圍奮力衝

進與梁公合力殺散賊騎斬首九級獲其所棄兵器而還
義卒死者二人被傷者亦十餘人諸公皆設樂相賀公笑
曰師出二十餘日得此零賊九級何損於賊何益於國
家時風雪苦酷義兵諸將皆移次於山下大村村人皆避
亂而去只是空舍然士卒皆樂其留息◎二月初一日平
明犒軍送健步者三人粧作野人狀往覘前路消息捕得
土人一老者問道路遠近通塞命士卒習射終日以待斥
候還報◎初二日午後斥候來報曰前路七十里未見賊
騎南漢消息果無聞知云云復擇輕捷善走者二人往探
消息進兵二十里◎初三日平明義兵諸將復會一處點

閱軍兵各陣亡者三十餘名而我軍道亡者七人查其隊將決棍三度嚴申約束犒軍留止○初四日雞鳴造飯餉軍將欲行兵卯時候吏還報曰前路消息雖未的知但聞賊兵已敗歸　大駕已還京城云諸將皆不信曰金賊豈有如是易敗之理此必訛言也遂更進三十里次淸州府內近處始得出城講和消息諸公皆北向痛哭一時散歸公令片成大等領軍下去散給粮米又屬馬匹器械各還其主獨與從姪及諸公信馬而歸十五日始達于家

附五賢擧義通文

國運不幸奴賊逼京　大駕移駐孤城賊兵合圍道路

阻絶號令不通存亡之機決於呼吸言念及此五內如
焚主辱臣死古今通義凡有血氣者固當忘身赴難而
惟我湖南素稱忠義之邦曾在壬辰義烈已著況此
君父在圍之日乎即者通諭 教書自圍中出來無非
哀痛之語其責望於道內士民至深切矣讀來不覺失
聲痛哭求死而不得也惟願諸君子各自奮勵投袂而
起糾合同志資助兵糧剋期齊會于礪山郡期以一心
赴敵以救 君父之急如或遲回觀望越視秦瘠則非
但前日忠烈之風掃地盡矣且將得罪於倫紀不容於
鄉國書到無淹晷刻無相推調協心一力共濟國難不

勝幸甚

崇禎九年十二月二十五日玉果縣監李興浡

大同察訪李起浡

淳昌縣監崔藴

前翰林梁曼容

前察訪柳楫

羅州羅南磵海鳳通文

嗚呼彼虜賊無義犬羊有慾溪壑辭假盟好所要者幣繒侵及鎬京深入吾土地 鑾輿播越一片孤城國事蒼黃十行哀旨憂深北顧旣失寇準之伐謀日望南軍

必念真卿之何狀此義士泣血捐軀之會豈臣子奉頭
偸命之時顧弊州素是忠義之鄕咸左袒方效長上之
死植髮戌干櫓士勇有餘張目叵大羅軍聲自壯義旗
爰舉立見草木之爲兵我武惟揚必致風雲之助氣矧
王師霧合金集玆賊勢浮寄孤懸殆穴兎之阽危實鼎
魚之假息胡命其能久當破竹而履腸兵應者必勝此
田禽之利執玆於今月初六日率義旅啓途伏願列邑
諸君子共奮裂裳之志益勵死綏之心爭齒劒投袂而
從毋或後至趍淬刃不期而會宜卽前行計無待於陳
平白登之圍自解威有加於秦世沙車之首可傳與其

爲無義氣之人曷若作死沙場之鬼書不盡意㩧到

如章

崇禎十年正月初二日卯時前別座羅海鳳 單緘

謹按湖南倡義錄舊序金漢陰元行所製也有曰往歲湖南儒士數人以丙子倡義錄來投余曰是集也吾邦之遺老往往能言之姊無文字可藉近從人家故紙中得其時往來公帖印署如新遺跡爛然顧吾子圖之云其後宋性潭煥箕序有曰若其數公之當 天啓丙寅以泮儒請斬虜价卓然爲一世所難者顧豈不然又曰錄中所附者皆從人家故紙中得其印署公帖一似舊編詩所徵信而亦得攷識於叅奉曹公守誠日記中並曹公始倡於和順而與五賢合衆甚爲諸公所推許矣云

淸江遺集卷之三

和順擧義時日記

(『화순병자창의일지』, 2015)

和順擧義時日記

曺公守誠長子煜所錄時以書記從行

義立有膽略丁酉率家僮擊倭刧之奪其二鳥銃
又納米補軍粮弘業丙子亂聞羅海鳳等擧義願
從之諸公奇其志專委軍餉別辦米九十斛以補
之同赴難聞講和消息將罷撫其鳥銃而泣下曰
是吾父討倭時所獲也吾欲將此以解 君父之
圍今無可用之地歸納于官藏之軍庫事載邑誌

和順擧義時日記 曹公守誠長子熀所錄時以書記從行

崇禎丙子十二月二十五日 行宮頒教文來到公
方朝食奉讀未半哽塞不能語因輟食卽招從姪進
士熀使讀〻 教文熀亦慨然流涕公語熀曰吾家世

受　國恩報効無地　國危如此正主辱臣死之日
也吾雖駑劣願倡一隊義旅赴死　國難君肯從我
乎熀起拜曰微叔之言姪方欲請之旣聞命矣敢有
異志然虜騎充斥　國勢窘迫便可卽地赴難不可
時刻差慢也公喜曰君言正合吾意具冠服辭于家
廟告以勤　王死敵之意家屬多有涕泣者公張目
叱之出坐外堂召子熀孫挺有語曰汝等不可俱死
熀當從我挺有留奉先祀又招首奴山伊戊辰金龍
伊等分付曰若臣奴主一義也吾將以臣死君汝輩
以奴死主可也且吾已决死少有違令者斬辭語慷

慨奴皆感泣畏懼莫敢仰視但唯唯而已焜曰兩家
雖有略干家僮不可以此輒行必往邑中設募義廳
辦備戎服軍器其間必費多少日子奴輩父母妻子
或有頻數往來之弊則不但紀律之不嚴軍情將有
逗撓不堅之患公曰諾乃招兩家僮奴之妻與子數
十輩伏之庭下厲聲分付曰若屬皆至愚匹婦豈知
軍法乎軍法女子入軍中則斬行軍之際或瞻望涕
泣則大不利於軍事若屬或以母訪子以妻訪夫以
姊妹訪同產托以餽酒餽飯或晝或夜足迹或近於
義兵廳而綻露則吾將負之以鼓徇示軍中梟首軍

門外斥誅犯律者之夫若子婢屬皆戰慄又以溫言
諭之曰人孰無死死於 國事死且爲義鬼且行軍
者未必死幸或殺賊成功則 國家必有褒賞之典
我且以白文放贖汝等矣分付單即使驅出家事一
無所言點得家僮五十三名從姪家奴丁四十六名
發牌萬淵寺取靑色令旛一雙銅角一雙錚鼓各一
出家中所有馬上刀二口公與從姪分佩鄕中大小
民人莫不聳懼咨嗟家人進酒饌公素不喜酒是日
命進大觥與從姪連飮五杯遂上馬二卒執旗道前
鼓一鳴家僮百餘名已滿街巷無一人落後者公居

前從姪在後徐驅向邑中縣監柳萱聞公叔姪之至
慌忙出迎執手相泣設義兵廳於客舍中大廳門外
鄕儒林時秦崔鳴海亦奮然來會公大喜曰二公來
助大事濟矣一邊鑄造兵器冶匠七名弓匠五名一
邊傳檄列邑各付有司綾州梁禹甸文悌克閔彭齡
南平徐苻鄭槃尹俶羅州崔震嵩柳浚洪命基李煥
光州高傅立朴思遠柳東煥申潭同福丁好敏金聲
遠公與從姪守義廳公之子煜往來家中領辦戎服
粮餉之事崔鳴海林時泰及從弟守憲從姪燦分主
募丁買馬等事○二十六日午後崔鳴海募來九丁

黃昏林時泰募來十七名公謂諸有司曰 國家存亡在於朝夕吾輩出萬死倡此擧當星夜赴難不可曠日遲滯吾非不知傳檄湖南各邑而只傳於隣近數邑盖恐其浩煩遲延之患也行軍急務粮餉爲先遂罄家儲出米二十三石從姪亦出二十石崔公出十石林公出八石公謂子煜曰汝當歸家更飭軍服粮餉等需且兩家收拾軍丁殆近百數而非盡是奴屬戶下良丁居多實被威脅驅使而來豈有慕義樂死之理其身雖在此其心必在家汝須厚爲撫恤廩其家屬之飢寒者以慰軍人之心亦一馭戎之道也

鄕儒柳涵入來曰聞諸君之擧義特來相助仍招邑
居閒良金振聲金魏徵裴弘立片戍大韓命男等商
確行軍規模募丁方略柳涵亦當募丁事自願赴義
公之孫挺有輸來粮米以裴弘立爲軍餉色吏捧置
糧米於廳前庫中以片戍大習於陣法爲隊伍長使
調習軍丁以應義輸粮之意遍告各面各村○二十
七日發牌於萬淵寺綾州雙峰寺石泉寺南平雲興
寺同福靈鳳寺維摩寺順天松廣寺西南寺光州證
心寺靈巖道岬寺海南大芚寺僧處使收納戰笠等
物從姪家輸納糧米以金魏徵充領兵軍官使之寫

軍粮運置各寺各村大戶中戶及各家戶合十六箇
於軍中使軍卒十六人作番主餉糧米則軍丁一升
義廳會員七合磨錬下萬淵寺僧智森智環景勳等
別獻紙十束爲軍中日記之資鄉人張慶洽盧德量
等膂力過人別請入來語以同事意盧辭以親老公
曰汝有兄二人非獨子無兄弟者昔在魏公子軍中
必不許爾歸養曉以王辱臣死之義盧亦感悟更不
推辭鄉儒孔遇吉孔亭吉等來軍丁十五名糧米各
三石自當崔起宗來軍丁十四名糧米八石自當林
時敏林時慶林時益林時儁林時啓等來軍丁十八

名糧米二十五石鐵四十斤自當皆願從義陣公喜
曰諸君勤於應募如此非忠義之素蓄積者能之乎
孫挺有輸來五石米公謂曰烏合單弱之卒當一犒
以增氣汝可得大牛二隻爲明日餉軍之需領命而
去當夜公與從姪及崔林明燭看兵書夜已過半邑
吏士卒皆睡倒地主柳侯暗使人覘之歎曰擧義慶
日吾每使人夜覘終始不怠愈往愈篤草野忠憤能
如是食祿者當愧死遂許保人官奴三十名料米二
十石且傳語曰本邑兵器已輸於上營元軍令方特
造弓箭四十部長槍二十柄以助義擧公答曰今番

之變非甲子之比當星夜赴敵不可留滯時日所許
保丁明曉招送可也柳侯許諾○二十八日朝食後
柳侯所送軍丁三十名一齊來現其中李太者爲名
者有蹇病有徐旭金者自言父母俱歿未能掩土故
特許還送從弟守憲以家僮五名及募丁十石糧米
四石劉鐵三十五斤來庶弟守天募丁七名來孫挺
有入來曰大牛二隻已辦得公曰當明日爲犒光州
南平同福有司來到公使從姪及崔孫兩人出迎於
軍門外入則相揖叙賓主而坐光州有司高傳立曰
公當老境挺身擧義此所謂聲大義者明目張膽不

許死生也軍丁粮米器械當極力募得這這領送公
曰吾雖先倡非公等之和而應之安敢望赴難乎辛
望諸公皆歸剋期多募諸有司領諸而去午後雪下
晡時李興渟梁曼容等義檄來檄文中以公叔姪崔
林兩人付和順募義有司公曰吾儕四人已倡此舉
而此檄又至何不謀而同也然已聚略干兵粮只可
合力於赴敵不可投附於麾下即使崔鳴海往李興
渟營中觀其治軍且告會兵日子綾州有司三員乘
昏齊到曰義旅猝難多得只得七名於校生中粮米
各出於家聚十石領來劒箭及馬匹當還歸極力募

送公日諸公皆在隣邑發檄屢日無一人來頗以爲
訝軍丁粮米募聚領來可謂敏於事而勇於義本縣
西面所募軍丁九名米五石馬六疋七箭二十部鳥
銃二槍三戰笠九軍馬器械令訓鍊色次知粮米令
軍餉色次知是夜與綾州有司商確達曙○二十九
日平明挺有以糧米十石牛二隻來從姪家米十石
來諸公歎其勤幹曰有是叔有是姪朝食後米八石
自崔鳴海家來七石自林時泰家來柳涵以軍丁八
名米五石太五石箭竹五百箇鐵三十斤來曰事急
難以多募公曰以君家力不圖至斯可嘉其勤敏也

綾州有司將告歸公挽之曰今日可觀犒餉調習之節孔遇吉孔亨吉以奴丁五名米十三石來崔起宗募丁七名米八石來林時敏五人所募軍十五名米十石太七石醬五瓶鹽一石本縣東面所募軍丁九名粮六石太二石鐵百斤槍一柄馬八匹布五匹箭十五部戰笠七箇輸來即令韓命男裴弘立設犒軍之備片成大點軍案公曰兩隻牛不足於犒急送家奴山伊宰來奴伊金家牛隻使并宰之有頃韓命男來白曰牛則已宰且烹酒當用幾何公曰此犒欲增士氣之舉期以盡醉何可預限命男遂以牛酒先進

於義廳公曰姑止之當調習軍容而後餉之從姪曰諾且爲將之道不可先士卒飮食公欣然稱之郎與諸公就開曠之地伐鼓揮旗結方圓等陣一齊進退隊伍嚴整遂操閱數次而止令進牛酒大犒士卒醉飽多有喜色午後綾州有司辭去羅州柳浚送軍丁七名箭竹四百箇弓十五大刀二都狀義廳身病不能躬進姑待少差便可馳進云云俄而崔震尙洪命基兩人亦以軍丁十七名長箭十五部弓四烏銃五來公喜執崔手曰勸斂不當如是耶勉以更募赴期之意命進酒饌待之分付韓命男厚餉羅州新到軍

人鄕儒朴尙眞素以膽力稱且有義氣慷慨人也是
日義廳諸公相議曰吾輩倡此擧已過五六日而斯
人尙今不至甚可異也遂別請入來語以同事意朴
沉默良久始許諾又許家僮十七名米十石太三石
長刀一片成大納米二石醬一海金魏徵納米二石
太二石初昏柳侯送牛酒于義廳夜既深軍人有酗
酒相鬪聲鬧帳中郎令片成大査出得犯罪者五名
決棍各七度○三十日平明點閱軍丁令片成大金
魏徵自今爲始日兩操閱終日習射綾州有司輸送
軍丁十名糧八石太二石馬三匹箭十三部箭竹三

百箇又送冶匠五名弓匠三名膠角等物同福有司
輸送軍丁九名米四石太三石弓箭五部光州有司
輸送軍丁十五名米九石長槍六柄箭竹七百箇馬
三匹公喜曰列邑諸公應募亦甚勤矣以隨得輸送
之意申告本邑親友家所募布十一匹入來召訓鍊
色吏問士卒無軍服者幾何片成大對曰各宅奴丁
自各宅已辦服官奴及保人自官亦辦服綾州及光
羅同南募來軍未及備服今有十四匹募布當次第
製給崔鳴海曰非但戎服士卒中衣弊凍寒者可製
衣與之座皆稱善林時泰曰不可無大旗幟裁四匹

布作二大旗畫以虎豹鷹鶻之屬孔亨吉送旗竿長
竹五箇公謂挻有曰汝可得布十餘疋來挻有對曰
姑無見在布可待三四日公曰差晩矣因與諸人講
論行軍方略挻有自外來告曰俄聞岳丈亦起義旅
岳丈安牛山邦俊也公歎曰此老平生吾已習知舉
義規模必多可觀移書勉之曰 國家存亡在於朝
夕爲臣子當沫血蹈刃萬死猶甘弟實不量駑劣敢
募義旅以圖赴難仄聞 尊兄亦倡義舉節制設施
豈與碌碌者比幸望剋期同赴云云卽召從姪語曰
今考軍案執弓把槍者已至四百餘數便可發程林

時泰亦曰 國危日急不可遲滞而顧此所聚都是鋤耰白丁不知操弓不知乘馬必須操鍊數日待知方向然後便可倍道兼進從姪曰農民不慣乘馬且馬數不給不如純用步兵所得馬匹可用運糧械邑中募得壯丁二十七名布六匹來萬淵寺僧納醬五海乾菜百束招致帳前賜之酒杯時泰自袖中出小冊子乃軍中約束也凡八條一軍人無得喧譁奔突一軍人十名式遞番達夜巡更一接戰時賊兵或有遺棄什物若刀槍取之其他勿取一鼓進金退赴湯蹈火敢有退步者斬一軍中炊飯時當以鑼爲令一

齊炊飯一齊喫飯若或差池者查出火兵及隊長决
棍五度再犯者斬一義廳諸員雖皆鄉隣儕友旣入
軍中則不可無將幕肅敬之禮一軍人及義廳諸員
皆佩號牌事盖自草條約也座中傳觀一遍稱善不
已林辭謝曰皆古人糟粕非自己創出使片成大曉
諭軍中○丁丑正月初一日雞三鳴公招軍餉色吏
誡之曰今日異於他日且行軍之期不遠犒餉之節
不可草草大餉則當以日中朝前不可無別餉且工
匠輩不得交睫者已至屢日今日半日特許輟役一
體厚餉色吏領命而退且顧座中曰吾等欲以一隊

21

烏合之卒將抗數十萬不測凶鋒何異螗蜋之拒轍哉若能一心一力則庶幾殺一賊搴一旗以報天地生成之澤且執兵而死分內事也元日一年之上日諸君可合席飮酒以堅死義之盟如何座皆慷慨領諾辰時軍吏來告曰已辦餉軍之需請先點閱公及諸公就閒曠之地復試坐作進退之節申以違律按法之令軍丁皆依伍俯首不敢諠譁主倅柳侯出見歎曰數日之間山野白徒何若是鍊熟也公曰民等實不知兵法皆色吏片成大之力柳侯嘉歎不已賜成大巵酒大餉而罷是日各家所餽酒餠魚肉數十

器一半出給軍吏以充犒需一半出給工匠以爲夜役療飢之資○初二日習射於蒜山下崔起宗林時敏來時敏送麯子百圓同福光州諸有司來到曰李興浡等檄文又到酬應自歧公曰吾與李公均是爲國家殄賊之義吾之士馬器械李公所資李公之兵甲糧餉亦吾所用且吾已略募而李今始募諸公當酬應於彼諸有司皆歎曰公言 國耳公耳綾州雙峰僧有覺等來獻戰笠四十箇熟麻大索二百把油衣五件光州有司辭去同福靈鳳僧納戰笠十三箇麻靴五十葛靴一百二十熟麻大索四十把維摩僧

納葛靴二百油衣三件鐵三十斤紙十束○初三日
大牛一隻自崔鳴海家來一隻自林時泰家來崔主
簿送米五石醬三缸安牛山答書來羅州有司自領
募丁十三名來林時敏崔起宗來終日講軍事○初
四日平明崔鳴海自李興淳幕中歸公問其詳對曰
擧義屬耳招募只四十七名列邑姑無應擧者倡義
規模別無異同礪山相會固其願也云云孔亭吉林
時敏各送一牛午後操閱數次而止○初五日習射
終日○初六日雨雪大降平明點閱軍額收拾粮械
等物軍丁四百二十四名馬四十五匹弓百五十箭

三百八十部槍八十五柄銃五十二火藥九十斤劒
六十三柄粮百十五石十斗公議諸有司曰行兵之人
期只在數日後而軍粮見在者甚少奈何朴尚眞曰
事至於此有何係吝宜罄家儲助軍費座皆稱善公
先出十石從姪出十石林時泰七石崔鳴海七石朴
尚眞七石孔亭吉四石魏徵成大等私募得十二石
合一百七十三石公謂軍吏曰明日犒軍可用酒餠
飯三件物斯速辦備以待分付色吏領命而退金魏
徵私募來二匹馬柳侯聞之復送馬二匹公及諸公
一齊入謝柳侯設饌相待○初七日朴尚眞得長箭

三十部以進柳涵得來馬二匹南平有司徐蒔綾州
有司梁禹甸來公曰今士馬粮械略備便可卜日發
行諸有司皆曰諾徐蒔曰初九日好十一日尤好於
是以十一日發程意徧告軍中閱兵習射○初八日
光州有司送馬四匹戰笠二十箇槍二柄粮五石太
三石朴思遠自領來松廣僧雪鶴等五名來獻油衣
十件戰笠四十箇大索二百把海衣百二十束葛靴
百箇謝其晩到之罪賜酒遣之○初九日習射放砲
於萬淵山下○初十日平明雨從姪家犒軍牛一隻
酒五瓶來孔亭吉林時敏各送牛一隻從弟守憲送

酒六瓶靑魚二十束鋌有以酒五瓶大口魚十五尾
餠五器來林時奉家雞十首酒二瓶來柳涵家酒二
瓶靑魚十束來朴尙眞家餠三器酒二瓶小犢一隻
來盧德量張慶洽等各進酒二瓶狗三首是日鄕中
士友及小民送酒肉者不可殫記午後餠八器自崔
鳴海家來合計酒八十餘瓶餠飯五十餘器魚肉四
十餘器命置三十瓶酒一隻牛於庫中以待明日發
行之犒餉片成大日軍中不可無行饌願以一牛及
雞狗合作肉醬許之從姪曰當初不許家僮親屬之
往來者盖恐其逗撓軍情也今日生離亦別之日竊

聞本邑他官士卒父母妻子塡塞街巷不能相面多有望泣者云今日則特許就餞此亦體情之道公許之并令召入於是男女駢闐飮食淋漓無復紀律特於別處設一宴出給犒軍酒肉或有垂淚不肯食者午後大閱餉軍而罷脯時萬淵寺僧智環智森等進飯米二十斗山菜二百束壯紙五束油紙二束麻鞋六十箇○十一日雞鳴公招軍吏分付曰今日必發程促令士卒急起炊飯出給留庫酒肉平明柳候持酒出餞親自執酌勸公及諸有司曰諸公今日提挈義旅往赴　君父之急生當爲烈丈夫死可垂名於竹

帛萱則食祿之人也事當分領一隊亦於行間而顧
此鈍劣懷祿畏亦坐餞諸公慚愧慚愧公及諸有司
皆拜謝曰民等不自度量猝倡此擧智短力綿百用
俱掃專荷賢侯之顧助幸當發程之期耳柳侯辭讓
再三公遂喚軍色飭其裝載軍色曰前後所得馬五
十匹除軍官色吏所騎八匹外只有四十二匹而其
中有兒馬六七匹不敢載粮公曰兒馬不可負重則
但載弓箭等物餘可盡輸載粮米復令五十丁負粮
目前發程等待於板峙上粮九十石留下庫中陸續
上送之意託於柳侯許諾復送三枝槍二柄令藩一

雙是日鄉人來餞者百餘人莫不咨嗟欽聳公及諸
有司一齊上馬令片成大執旗先導公謂從姪曰汝
可少住監督後軍一齊来到公與諸公策馬先行子
煜以書記兼子弟幕僚隨後到板峴運粮軍馬已先
在令片成大執銅角發天鵝四五聲衆軍已到山下
陸續上來一一點考有一卒後到乃隊長戊辰金爲
名者公之家僮也當日醉酒落後公怒將斬之諸公
皆固請貰罪公曰行未十里師律已惰吾以家僮貰
其罪則何以令衆軍乎即斬以徇衆皆股慄從姪進
曰向者八條約誓中獨漏一款行軍沿路軍人或取

民家一物必用軍法公曰善卽以此意曉諭軍中日己過午時矣催發人馬到光州士人來見者四十餘人自當朝夕軍餉○十二日到長城府士人金地寶金南寶李胐等三人持牛酒來見致馬料太五石草百餘束○十三日到蘆嶺少歇軍馬風雪大作留宿嶺下○十四日到泰仁邑人李景煥等持牛酒略干來見曰不意草野之中倡此烈烈之擧吾輩不可齒列於人類也因贈馬二匹弓箭五部長刀一柄○十五日到金溝邑內○十六日到全州府住兵西門外使從姪往見李興浡告以提兵來會之意李興浡兄

31

弟聞公來到顚倒來見從軍吏三人駐馬軍門外傳語往復二次而後始入來公及諸公皆出迎相揖而坐李公曰鄙等不知尊公已倡義旅橐曰傳檄中誤以公及令姪付之有司及聞崔君之言始覺尊公已先擧義規模設施實非鄙等所及公答曰鄙等之率爾倡此難激愚衷而百爾思之殆甚螗蜋之抗轍及見尊公檄文始知主盟之有人而且感不遐之盛意因指林時恭曰此乃公檄中所付有司而與我并力擧義者也相與叙話且論行兵之事至夜乃去〇十七日平明公與諸公往觀李公調練法而來午後李

公親持牛酒來餉請見卒伍進退之節公與諸有司
即就西原平曠處操習數次李公歎曰峽野農民何
其練熟於軍律公笑曰吾有領兵軍官片成大金魏
徵二人教之如此李公亦笑曰成大之名可成大事
今之魏徵不讓於古之魏徵黃昏李公歸○十八日
將發行公使從姪往李公營告以先到礪山駐兵相
待意李公卽偕來面約而歸是日宿參禮驛○十九
日到礪山留待李興浡軍時本道監司李時昉領軍
在湖西鄭弘溟時爲義兵大將與監司合力公與從
姪商儀曰吾已倡數百義旅行到此地期與李興浡

33

等兵合力不可受制於他人從姪亦曰彼旣爲元帥
與監司同善李等若來而合於彼則率我所募訓當
一隅耳第觀李等之來以決方略公領之○二十日
留礪山府雞鳴命裴弘立下去本邑促輸來留置粮
米李與浡等兵至公及諸公出陣迎接○二十一日
平明李公問行師之期公答曰 國危甚急固當星
夜赴敵而吾以馬少不能多輸粮米發程屢日軍粮
見在者不足故昨送軍吏督運粮米姑待其來可以
進兵李公曰吾亦設廳不久忽遽發行軍器粮料多
有未備耳○二十二日朝大雨雪至午少歇操閱一

次○二十三日操閱二次○二十四日習射終日○
二十五日午前操閱午後犒軍李公起淳來觀○二
十六日午後裵弘立輸留粮九十石上來公問其輸
來之狀對曰自本官宣力特發民丁輸送已到長城
故仍領來出呈柳侯書簡盖行中都狀也遂令片成
大白李公以粮米旣到明日進軍之意○二十七日
到尼城日已黃昏駐兵於縣前公忽垂淚左右曰公
畏歟乎公收涕謝曰非敢如是昔吾先君爲此邑宰
沒于官余以獨身年甫成童扶櫬還鄉罔極之痛艱
辛之狀不可備說今日到此自然傷感座皆下淚俄

35

而邑吏朴時春楊白燁等持酒饌來現當朝夕馬料納弓箭八部此兩吏故尼城公莅官時吏房朴得華戶長楊春茂子也○二十八日遇大風雪留軍尼城縣與李起淳等講軍事午後進兵到公州界時忠淸監司鄭世規軍敗奔還從姪素與鄭善以單騎往見問賊勢强弱鄭見之大喜曰敗軍之將實不知賊勢如何未及交兵而自潰慚愧慚愧草野擧義眞烈丈夫事也與犒軍牛三隻米二十石弓箭三十部銃十火藥等物率數十騎來見義兵諸將○二十九日到淸州西平原賊游騎多聚十里許山谷中不知多少

軍情洶洶恐有埋伏不敢輕進依險自守時列邑募兵多道亡且賊勢逼近義兵諸將皆聚一處相議或曰吾等以烏合單弱之卒輕犯凶鋒便同塊肉投虎不如多張旗幟金鼓相聞以爲疑兵使賊知有救兵之來到不敢逼城使南漢知有勤　王師之來到守陴益固則此爲上計或曰賊之游騎已至此界則必以重兵先截隘口以遏三南援兵矣輕進無益不如移陣據險探聽消息以圖進兵公曰兵以義倡畏死逗留足以貽笑不如棄了輜重從間直抵南漢保守城堞李公等皆從其議○二十日平明遍募各陣中

往覘山谷中賊勢莫有應者梁曼容李起渟奮身請
往卽令五六砲手隨後登山俯賊賊騎數百聚於谷
中以其所掠牛馬且宰且啗起渟欺其單弱使其從
者一齊放砲賊騎大駭散而復合圍住起渟正在蒼
黃之際公與從姪及盧德量片戍大等將勁卒五十
躡其後見李公被圍奮力衝進與梁公合力殺散賊
騎斬首九級獲其所棄兵器而還我卒死者二人被
傷者亦十餘人諸公皆設樂相賀公笑曰師出二十
餘日得此零賊九級何損於賊何益於 國家時屈
雪苦酷義兵諸將皆移次於山下大村村人皆避亂

而去只是空舍然士卒皆樂其留息○二月初一日
平明犒軍送健步者三人粧作野人狀往覘前路消
息捕得土人一老者問道路遠近通塞命士卒習射
終日以待斥候還報○初二日午後斥候來報曰前
路七十里未見賊騎南漢消息果無聞知云云復擇
輕捷善走者二人往探消息進兵二十里○初三日
平明義兵諸將復會一處點閱軍兵各陣亡者三十
餘名而我軍道亡者亦七人查其隊將決棍三度嚴
申約束犒軍留止○初四日雞鳴造飯餉軍將欲行
兵卯時候吏還報曰前路消息雖未的知但聞賊兵

已敗歸 大駕已還京城云諸將皆不信曰金賊豈有如是易敗之理此必訛言也遂更進三十里次淸州府內近處始得出城講和消息諸公皆北向痛哭一時散歸公令片成大等領軍下去散給粮米又囑馬匹器械各還其主獨與從姪及諸公信馬而歸七五日始達于家

羅州羅南礀通文

嗚呼彼虜賊無義犬羊有慾溪壑辭假盟好所要者幣繒侵及鎬京深入吾土地鑾輿播越一片孤城國事蒼荒十行哀旨憂深北顧旣失寇準之伐謀日望

영인

청강 조수성 창의사실

淸江 曺守誠 倡義事實

출처 :《曺氏五賢集》 권3, 1896.(전남대학교 도서관 소장)

화순거의시일기

和順擧義時日記

출처 : 『화순병자창의일지』, 2015.(강동원 편저, 도서출판 서남)

여기서부터 영인본을 인쇄한 부분입니다. 이 부분부터 보시기 바랍니다.

역주자 신해진(申海鎭)

경북 의성 출생
고려대학교 국어국문학과 및 동대학원 석·박사과정 졸업(문학박사)
전남대학교 제23회 용봉학술상(2019) ; 제25회 용봉학술특별상(2021)
현재 전남대학교 인문대학 국어국문학과 교수

저역서 『만휴 황귀성 난중기사』(보고사, 2021)
『월파 류팽로 임진창의일기』(보고사, 2021)
『검간 임진일기』(보고사, 2021), 『검간 임진일기 자료집성』(보고사, 2021)
『가휴 진사일기』(보고사, 2021)
『성재 용사실기』(보고사, 2021), 『지헌 임진일록』(보고사, 2021)
『양대박 창의 종군일기』(보고사, 2021), 『선양정 진사일기』(보고사, 2020)
『북천일록』(보고사, 2020), 『쾌일록』(보고사, 2020), 『토역일기』(보고사, 2020)
『후금 요양성 정탐서』(보고사, 2020), 『북행일기』(보고사, 2020)
『심행일기』(보고사, 2020), 『요해단충록 (1)~(8)』(보고사, 2019, 2020)
『무요부초건주이추왕고소략』(역락, 2018), 『건주기정도기』(보고사, 2017)
이외 다수의 저역서와 논문

청강 조수성 병자거의일기 淸江 曺守誠 丙子擧義日記

2021년 12월 30일 초판 1쇄 펴냄

지은이 조욱
역주자 신해진
펴낸이 김흥국
펴낸곳 도서출판 보고사

책임편집 이경민
표지디자인 손정자

등록 1990년 12월 13일 제6-0429호
주소 경기도 파주시 회동길 337-15 보고사 2층
전화 031-955-9797(대표)
02-922-5120~1(편집), 02-922-2246(영업)
팩스 02-922-6990
메일 kanapub3@naver.com/bogosabooks@naver.com
http://www.bogosabooks.co.kr

ISBN 979-11-6587-282-3 93910

정가 17,000원